JÜRGEN SCHUG

MYTHOS SANTORIN

JÜRGEN SCHUG

MYTHOS SANTORIN

Von der Atlantis-Sage bis heute

MIT 90 FARBBILDERN

TEXTBEARBEITUNG DR. SONJA WOLF

EULEN VERLAG

Gestaltung: Josef Geisert
Reproduktion: Digi-Print, Herbolzheim
Druck und Einband: New Interlitho, Milano
ISBN 3-89102-450-9

INHALT

Frauenfresko von Akrotiri

Vorwort

Die Kykladeninsel Santorin stellt seit Jahren das Eldorado für Maler und Fotografen dar. Es ist unter Fotografen längst ein offenes Geheimnis, daß etwa 70 bis 80 Prozent aller Bildmotive der sogenannten „Art Collection Greece", der hochwertigen griechischen Postkarten und Kunstkalender, von Santorin stammen. Allein diese Tatsache zeigt, welchen außerordentlichen Stellenwert die Insel in der (Selbst-) Darstellung Griechenlands einnimmt. Im vorliegenden Buch wurde die Faszination der Insel in Bildern eingefangen, die sowohl typische als auch insbesondere bisher weniger bekannte Motive zeigen, die der Fotograf auf seinen Streifzügen durch die Insel entdeckt und festgehalten hat.

Nicht von ungefähr gibt es viele Mythen um die geheimnisvolle Vulkaninsel. Wer wollte beim Anblick der Insel nicht glauben, daß hier das sagenhafte Reich Atlantis gelegen haben könnte? Doch auch in den Texten des griechischen Philosophen Platon gibt es Anhaltspunkte dafür, das dort beschriebene Inselreich Atlantis mit Santorin in Verbindung zu bringen. Das vorliegende Buch stellt dem Leser die Insel Atlantis vor und zeigt mögliche Bezüge zu Santorin auf. Zusammen mit der Schilderung des Vulkanausbruchs und seiner Folgen sowie aktuellen Hintergrundreportagen über das heutige Santorin und seine Menschen gewährt dieser ästhetische Bildband somit einen umfassenden Einblick in die Vergangenheit und Gegenwart der „schönsten Insel", wie sie schon von den alten Griechen genannt wurde.

Ein besonderer Dank gebührt dem Ehrwürdigen Metropoliten Panteleimon von Thera für die Möglichkeit eines Gesprächs. Ein ganz herzlicher Dank gilt dem Maler Christoforos Assimis als Freund. Ebenso ist Katerina Ioannidou mit Georgios Gavras in Fira und Dimitris Kolioussis in Oia für die Gewährung eines Einblicks in die Ikonenmalerei zu danken, Aspasia Vovola und Dimitris Bellos für die Erläuterung der Freskenherstellung und nicht zuletzt Ioannis Roussos für seine Informationen über den traditionellen Weinbau. Auch sei Konstantinos Markopoulos für die Erlaubnis von Fotoaufnahmen gedankt. Ein Dankeschön geht ferner an Fofo Damigou für ihre freundliche Unterstützung.

Wuppertal, im Juli 1999

SANTORIN, DIE FASZINIERENDE VULKANINSEL

Die Insel Santorin hat zu allen Zeiten die Menschen in ihren Bann geschlagen. Die alten Griechen gaben ihr den Namen *Kalliste*, „die Schönste", eine Bezeichnung, die ihr auch heute noch gerecht wird. Durch ihre vulkanische Tätigkeit verbreitete sie aber auch immer wieder im Laufe der Geschichte Angst und Schrecken.

Heutzutage lockt ihre Schönheit zahlreiche Touristen vor allem in den Sommermonaten in die Ägäis. Santorin ist die südlichste Insel der Kykladen, jenen Inseln des Lichts, die sich wie ein Kreis (griechisch *kyklos*) um die Insel Delos, zeitweilig eines der kulturellen Zentren der Antike, gruppieren.

Die Kykladen selbst sind die Gipfel eines gebirgigen Festlandes, das sich vor etwa zwei Millionen Jahren absenkte und vom Ägäischen Meer überspült wurde; als Spitzen dieses Gebirges ragen sie heute aus dem Wasser.

Die Vulkaninsel Santorin nimmt ohne Zweifel eine Sonderstellung unter den über zweihundert Inseln und Inselchen der Kykladen ein. Ist es nun der noch immer nicht ganz erloschene Vulkan, der ihre Anziehungskraft ausmacht, oder die einmalige Landschaft mit schroffen wie auch sanften Küsten, sind es die beeindruckenden Zeugnisse früherer Kulturen, denen man auf der Insel begegnen kann, oder entzücken einen am meisten die malerischen Orte mit ihrer ganz speziellen, den Naturgegebenheiten angepaßten Inselarchitektur, die weißen Häuschen und die unzähligen Kirchen und Glockenträger?

Sonne, Meer, strahlende Farben, friedliche Atmosphäre einerseits, Unberechenbarkeit der Natur andererseits, mit der man auf Schritt und Tritt konfrontiert wird, machen wohl den unwiderstehlichen Reiz aus.

Das Schicksal der Insel wurde und wird durch ihre besondere Lage in einem jener Spannungsfelder des Globus bestimmt, in denen die Erde ständig in Bewegung ist. Hier treffen Kontinentalplatten oder Teile davon zusammen und reiben sich mehr oder weniger aneinander. An dieser Nahtstelle kann es durch Druck und hohe Temperaturen zu unterirdischen Schmelzprozessen kommen und damit zu vulkanischer Aktivität. Denn bei einem Bruch der Erdkruste sucht sich dann das geschmolzene Gestein einen Weg nach oben, ein Vulkan bricht aus.

Im Falle Santorins stoßen die sogenannte Ägäische und die Afrikanische Platte aufeinander. Santorin liegt auf einem vulkanischen Inselbogen in der Ägäis. Die vulkanische Tätigkeit der anderen ägäischen Inseln ist offenbar inzwischen erloschen, die von Santorin aber dauert immer noch an.

Ursprünglich ist die Insel sogar selbst durch Vulkanismus entstanden, nämlich dadurch, daß aus der Erde strömende Lavamassen einige Kalkfelsen, damals Inseln, umflossen und so miteinander verbanden, daß das Ganze zusammenwuchs.

Mehrmals veränderte sich die Gestalt der Vulkaninsel. Heute präsentiert sie sich nicht mehr als zusammenhängendes Stück, das sie in prähistorischer Zeit einmal war, sondern als eine Ansammlung von fünf einzelnen Inseln, wobei drei davon (Thera, Therasia und Aspronisi) ringförmig angeordnet sind und in ihrer Mitte zwei Inselchen (Paläa und Nea Kameni) umrahmen.

Eine Vulkankatastrophe ungeheuren Ausmaßes in der Bronzezeit, ca. 1600 v. Chr., ist im wesentlichen für den jetzigen Zustand der Insel verantwortlich. Damals gab es auf der Insel, die wegen ihrer Form auch unter dem Namen *Strongyle* („die Runde") überliefert ist, neben anderen Bergen einen Vulkankegel, den eines Tages das Feuer aus dem Inneren mit so riesiger Gewalt in die Luft sprengte, daß die Insel in ihrer Mitte zerbarst und ihr zentraler Teil in die Tiefe sank.

Nach dem Einsturz des Kraters floß das Meer in das entstandene Vakuum, es bildete sich die bekannte Caldera aus, jener riesige mit Meerwasser gefüllte Kessel (spanisch *caldera*), um den herum nur noch Stücke der einstigen Insel übrigblieben. Dies sind erstens die heutige sichelförmige, etwa 17 Kilometer lange Hauptinsel Thera (benannt nach dem griechischen Heerführer Theras), zweitens die fast spiegelbildlich gegenüberliegende, aber nur etwa ein Drittel so große Insel Therasia („Klein-Thera") und drittens das winzige unbewohnte Eiland Aspronisi, die „weiße Insel" (nach der Farbe der Bimssteinablagerung). Sie umgeben das 83 Quadratkilometer große und bis zu 400 Meter tiefe Caldera-Becken und sind selbst Teil jenes Kraterrandes.

Entsprechend schroff präsentieren sich die dem Becken zugewandten Küsten. An den steilen Kraterwänden von Thera und Therasia kann man noch deutlich ihren geologischen Aufbau erkennen und übereinanderliegende Schichten (Lava, Schlacke, Asche, Bimsstein) ausmachen – eine wahre Fundgrube für Geologen und Vulkanforscher. Die weiß-rot-schwarze Farbpalette wird vom Weiß der oberen Bimssteinschicht gekrönt, soweit diese nicht inzwischen erodiert ist. 200 bis 300 Meter hoch ragen die bunten Abbruchwände aus den blauen Fluten.

Mit dem geschilderten Zusammenbruch des Kraters in der Bronzezeit kam die vulkanische Tätigkeit keineswegs zum Erliegen. Hin und wieder konnten die Menschen in späterer Zeit beobachten, wie mitten in der Caldera kleine Inselchen über dem Meeresspiegel auftauchten und ganz oder teilweise wieder untergingen. Tief beeindruckt von solchen Naturschauspielen, gaben die alten Griechen diesen Inseln Namen wie *Hiera*, „die Heilige", oder *Thia*, „die Göttliche". Ferner bewirkte eine Reihe von Eruptionen in nachchristlicher Zeit noch gewisse Veränderungen an den bereits bestehenden Inseln.

Heute sieht man im Caldera-Bekken nur zwei kleine, unbewohnte Inseln liegen: Paläa Kameni (die „Alte Verbrannte") tauchte im Jahr 197 v. Chr. aus dem Meer auf, Nea Kameni (die „Neue Verbrannte") bildete sich viel später aus einer 1570 n. Chr. entstandenen Insel durch mehrmalige Volumenvergrößerung bis 1941 zur heutigen Form aus.

Der Krater auf der Insel Nea Kameni ist immer noch aktiv. Der letzte Ausbruch, bei dem Lavaströme flossen, ereignete sich im Jahr 1950, und noch heute stößt er Gase und Wasserdampf mit Temperaturen bis zu 80 Grad Celsius aus.

Der Name Santorin, der die Gruppe der fünf genannten Inseln umfaßt, oftmals aber auch nur mit der Hauptinsel Thera gleichgesetzt wird, ist übrigens erst um 1200 n. Chr. von Kreuzfahrern geprägt worden, die die Insel nach ihrer Schutzheiligen, der heiligen Irene (*Sant'Irini*), benannten.

Die vulkanische Natur kann sich für Santorin als Segen wie als Fluch erweisen. So lassen sich etwa Lava und Bimsstein, die der Vulkan ausspie und mit denen er Zerstörungen anrichtete, im nachhinein auch wirtschaftlich, z. B. als Baumaterial, nutzen. Der Boden selbst ist, wie beim vulkanischen Ursprung der Insel nicht anders zu erwarten, recht fruchtbar und eignet sich für Wein- und Gemüseanbau; allerdings leidet Santorin gleichzeitig unter Wassermangel.

Auf welch brüchiger Grundlage die Menschen hier leben, machte zuletzt ein schweres Erdbeben im Jahr 1956 deutlich: Es richtete überall auf der Insel große Zerstörungen an und kostete über fünfzig Menschen das Leben. Wenn auch die größeren Orte inzwischen wieder aufgebaut wurden, so hat sich die Bevölkerungszahl doch erheblich verringert, weil viele Bewohner der Insel damals für immer den Rücken kehrten.

Auf Santorin leben derzeit etwa zehntausend Menschen in dreizehn Dörfern mit der ständigen Bedrohung durch Naturkatastrophen. Ob die tiefe Gläubigkeit der Einwohner sich aus einem besonderen Bewußtsein der Gefahr und dem Wissen um Glück und Unglück herleitet?

Der HERR ist nahe allen, die ihn anrufen. *Psalm 145,18*

So liegt zuweilen ohne Regung da die See,
Den Schiffern große Freude, rein und ungetrübt. *Semonides*

Der HERR behüte deinen Ausgang und
Eingang von nun an bis in Ewigkeit. *Psalm 121,8*

Meine Seele ist stille zu Gott, der mir hilft.
Denn er ist mein Fels, meine Hilfe, mein Schutz. *Psalm 62, 2 f.*

Es lobe ihn (den HERRN) Himmel und Erde,
die Meere mit allem, was sich darin regt. *Psalm 69,35*

Es gibt einen Kreislauf der Menschendinge, der läßt in seinem
Umlauf nicht zu, daß immer dieselben im Glück sind. *Herodot*

Ergießt sich von Göttern verliehener Glanz,
gibt es für Sterbliche helles Licht und köstliche Zeit. *Pindar*

WAR SANTORIN DAS SAGENUMWOBENE REICH ATLANTIS?

Mythos Atlantis – Eine Insel versinkt im Meer

Santorin war vor der Ausbruchskatastrophe in prähistorischer Zeit bereits besiedelt. Durch den verheerenden Vulkanausbruch um 1600 v. Chr. versank der größte Teil der Insel in den Fluten des Meeres. Diese Tatsachen haben gerade in jüngerer Zeit Wissenschaftler dazu veranlaßt, die Vulkaninsel Santorin mit dem sagenhaften Reich Atlantis in Verbindung zu bringen, einer mächtigen Insel mit hochstehender Kultur, die alten Berichten zufolge eines Tages für immer im Meer verschwand.

Der Atlantis-Mythos stützt sich auf Texte des griechischen Philosophen Platon (427–347 v. Chr.), der in seinen Büchern die Gespräche seines Lehrmeisters Sokrates (ca. 470–399 v. Chr.) mit seinen Schülern aufgeschrieben hat. In den beiden Dialogen „Timaios" und „Kritias", Alterswerke Platons, ist die Rede von einem einst mächtigen Staat, der dem der Athener ebenbürtig war und der eines Tages durch Erdbeben und Überschwemmungen unterging: Atlantis.

Der Text bei Platon ist zum Teil schwer verständlich und obendrein unvollständig. Kein Wunder also, daß er bis heute die Phantasie beflügelt und immer wieder Anlaß zu Spekulationen gibt. Existierte der von Platon beschriebene Idealstaat wirklich? Wenn ja, wo lag diese Insel Atlantis? Wann ist sie untergegangen? Fragen über Fragen! In Platons Dialogen erzählt Kritias, ein Gesprächspartner des weisen Sokrates, von Atlantis, indem er sich an die Aussagen seines Großvaters erinnert, die er als Zehnjähriger von dem damals etwa neunzigjährigen Greis gehört hatte. Dieser wiederum berief sich damals auf das Zeugnis des griechischen Politikers und Dichters Solon (geb. ca. 640 v. Chr.).

Solon selbst hatte die Atlantisgeschichte von ägyptischen Priestern bei einem Besuch der ägyptischen Stadt Sais vernommen. Diese sprachen zunächst von der Gründung des athenischen und ägyptischen Staates, die 9000 bzw. 8000 Jahre vor ihrer eigenen Zeit erfolgt sein soll, und ferner von Atlantis. Rechnet man zusammen, so geht es letztendlich um Ereignisse, die etwa 9600 v. Chr. geschehen sein oder seit diesem Zeitpunkt stattgefunden haben mußten.

Vorrangiger Zweck vor Platons Text bzw. dem Bericht der ägyptischen Priester ist, den vorbildlichen Staatsaufbau Athens hervorzuheben. Daher nimmt die Beschreibung des Athens früherer Zeiten einen breiten Raum ein. Die Macht des Inselstaates Atlantis wird dann dazu in Beziehung gesetzt.

Die Tüchtigkeit der Athener sei damals so hervorragend gewesen, daß sie sie sogar zu einer ganz enormen Leistung befähigt habe. Athen habe nämlich „dereinst einer gewaltigen Heeresmacht Halt geboten, die in hellem Übermut gegen Europa und Asien zugleich zu Felde zog und ihren Ausgangspunkt im atlantischen Meere hatte". Das berühmte Inselreich Atlantis!

Diese Insel lag, dem Text zufolge, vor der „Die Säulen des Herakles" genannten Meerenge (damit ist vermutlich Gibraltar gemeint) und „war größer als Libyen [Afrika] und Asien zusammengenommen". Der Staat war entsprechend mächtig: „Auf dieser Insel Atlantis nun bildete sich eine große und staunenswerte Königsmacht aus, der nicht nur die ganze Insel, sondern auch noch viele andere Inseln sowie Teile des Festlandes untertan waren. Außerdem beherrschten diese Könige noch von den Ländern am Binnenmeer [Mittelmeer] Libyen bis nach Ägypten, und Europa bis nach Tyrrhenien [Italien]."

Eines Tages bedrohten die Atlanter Athen und Ägypten. Ein ägyptischer Priester erzählt Solon: „Diese ganze zur Einheit zusammengeballte Macht schickte sich nun einst an, alles euch [Athenern] und uns [Ägyptern] gehörende Land sowie überhaupt alles Land innerhalb der Meerenge durch einen einzigen Kriegszug in ihre Gewalt zu bringen."

Während Platons Werk „Timaios" nur die kriegerische Auseinandersetzung mit Athen und das weitere Schicksal der Insel Atlantis erwähnt, wird im „Kritias"-Text als Ursache für diesen Krieg die „rechtswidrige Habsucht und Machtgier" der Atlanter betont. Dabei seien diese einst berühmt dafür gewesen, daß sie mit ihrem großen Wohlstand einsichtsvoll und bescheiden umzugehen wußten. Man findet auch eine Erklärung für die verwerfliche Haltung. Die Atlanter, so liest man bei Platon, stammten vom Gott Poseidon ab und hätten im Laufe einer langen Zeit „durch starke und häufige Mischung mit Sterblichen" immer mehr von ihren einstigen Tugenden verloren, so daß schließlich die göttliche Natur in ihnen mehr und mehr zurückging und die „menschliche Sinnesweise die Oberhand bekam".

Die Enttäuschung über den moralischen Niedergang der Atlanter rief den Göttervater Zeus auf den Plan: „Der Gott der Götter aber, Zeus, der nach Gesetzen regiert und einen scharfen Blick für dergleichen hat, beschloß, da er ein tüchtiges Geschlecht in so kläglichen Zustand versetzt sah, sie durch Strafe zu züchtigen, auf daß sie dadurch zur Besinnung gebracht und gebessert würden."

Zu diesem Zweck berief er eine Götterversammlung ein. Was dort gesprochen wurde, erfährt der Leser leider nicht mehr, weil der „Kritias"-Text bei Platon an dieser Stelle abbricht. Ging es um den großen Krieg gegen die Athener? Fällten die Götter gar den Beschluß, Atlantis durch eine gewaltige Naturkatastrophe ein für alle Mal auszulöschen?

Immerhin hat man ja schon an anderer Stelle bei Platon erfahren, daß es den Atlantern in den Sinn kam, das ebenfalls mächtige Volk der Athener zum Krieg herauszufordern. Trotz Abfall der Bundesgenossen und zahlenmäßiger Unterlegenheit sei es aber den Athenern aufgrund ihrer Tüchtigkeit und Kriegskunst gelungen, die Angreifer zu besiegen und sie so an der Unterwerfung weiterer Völker zu hindern.

Später, so ist Platons Text zu verstehen, sei dann sowohl die Macht der Athener als auch die der Atlanter zugrundegegangen. Der Priester, der im „Timaios" die Geschichte erzählt, hat dies folgendermaßen formuliert: „Weiterhin aber brach dann eine Zeit gewaltiger Erdbeben und Überschwemmungen herein, und es kam ein Tag und eine Nacht voll entsetzlicher Schrecken, wo die ganze Masse euerer [d.h. der athenischen] Krieger von der Erde verschlungen ward; ebenso tauchte die Insel Atlantis in die Tiefe des Meeres hinab und verschwand."

Dieser Satz ist die Keimzelle des Atlantis-Mythos, er wurde zum Ausgangspunkt für Forschungen und Spekulationen. Wo lag Atlantis? Über seinen Untergang erfährt man nur noch eines: „Daher ist das dortige Meer auch heute noch unbefahrbar und unerforschbar, infolge der ungeheueren Schlammmassen, welche die sinkende Insel anhäuft."

Wo lag Atlantis wirklich?

Unzählige wissenschaftliche und pseudowissenschaftliche Abhandlungen befassen sich bis heute mit dem Thema Atlantis, und es werden die unterschiedlichsten Thesen aufgestellt. Einige halten Atlantis für eine reine Erfindung (so bereits der griechische Philosoph Aristoteles), andere befinden sich auf der Suche nach der sagenumwobenen Insel und wieder andere glauben, sie irgendwo gefunden zu haben.

Ein aktuelles Buch mit dem Titel „Das verlorene Atlantis" erschien 1997 und stammt von Martin Freksa. Er stellt die wohl abenteuerlichste aller Atlantis-Thesen auf, nämlich daß bereits vor 5000 Jahren einmal ein ähnlich hoher Stand der Zivilisation wie heute im hochentwickelten 20. Jahrhundert geherrscht habe und daß damals die welterobernde Insel Atlantis durch eine Atomwaffe indischer Herkunft zum Untergang im Atlantischen Ozean verurteilt worden sei. Als Auswirkung dieses Atomschlages sei fast die ganze zivilisierte Menschheit auf der Erde vernichtet worden, nur auf gewissen Hochlagen sei das Leben der Menschen, allerdings auf steinzeitlichem Niveau, weitergegangen, so daß sich daraus erst allmählich wieder eine neue Zivilisation bis zum heutigen Stand entwickeln mußte.

Auch viele andere Atlantis-Interpretatoren der neueren Zeit gingen davon aus, die Insel müsse im Atlantik gelegen haben. Die hochentwickelte Kultur Mexikos, die gewisse Parallelen zu Ägypten aufweist, nahmen einige (z. B. Ignatius Donnelly) zum Anlaß, die Insel in dieser Gegend Mittelamerikas zu vermuten. Es wurde auch im Nordatlantik gesucht, man glaubte gar an eine bei Helgoland untergegangene Insel (Jürgen Spanuth). Andere (Adolf Schulten, Helmut Tributsch) setzten Atlantis mit Spanien oder Westeuropa gleich, weil nach Platon das „Gadeirische Land" (Cadiz?) zum Herrschaftsbereich der atlantischer Könige gehört haben soll.

Interessant ist, daß nicht nur der Atlantik, sondern mehr und mehr auch das Mittelmeer in Betracht gezogen wird, da man die Ortsangaben Platons aufgrund der mangelhaften Geographiekenntnisse in der Antike nicht überbewerten dürfe. Vielleicht, so wird auch argumentiert, lag Atlantis gar nicht jenseits von Gibraltar, sondern „Die Säulen des Herakles", von denen Platon spricht, sind als eine Meerenge irgendwo innerhalb des Mittelmeeres zu verstehen.

Schaut man sich nun im Bereich des Mittelmeeres nach alten Hochkulturen um, so stößt man auf Troja (Eberhard Zangger) oder das minoische Kreta (John V. Luce u. a.). Allerdings bleibt als Problem, daß diese Gebiete nicht im Meer versunken sind.

Was liegt also näher, als sich die Frage zu stellen, wann jemals vor Platons Zeit eine gewaltige Naturkatastrophe zum Untergang einer Insel geführt hat. Nun kommt man tatsächlich nicht umhin, das Augenmerk auf Santorin und den verheerenden Vulkanausbruch der Bronzezeit zu richten. Demnach wären die beim Kratereinsturz übriggebliebenen Inseln die Überreste des untergegangenen Inselreiches Atlantis.

Was noch dagegen zu sprechen scheint, sind die bei Platon nachzulesenden Größenverhältnisse und zeitlichen Daten. Was die Ausdehnung von Atlantis angeht, so führt man Platons Angaben gern auf Übertreibung zurück. Interessanterweise wird auch darauf hingewiesen, daß die Atlantisgeschichte ja von Ägyptern erzählt wurde, die ein anderes Zahlensystem hatten als die Griechen. So seien Verständigungs- oder Übersetzungsfehler für übertrieben erscheinende Aussagen verantwortlich.

Was die Datierungsfrage anbelangt, so gehen die Verfechter der Santorin-Atlantis-Theorie (Angelos G. Galanopoulos, Edward Bacon) heute allgemein davon aus, daß man die bei Platon erwähnte Zahl 9000 um eine Null zu kürzen habe. Solon, der um 600 v. Chr. Ägypten besuchte und dem die uralte Atlantisgeschichte dort erzählt wurde, hätte demnach nicht von 9000, sondern 900 Jahre vor seiner Zeit zurückliegenden Ereignissen gehört. Zählt man zum Datum 600 v. Chr. diese 900 Jahre hinzu, so kommt man verblüffenderweise auf das Jahr 1500 v. Chr., jenes noch bis vor kurzem angenommene Datum des großen Vulkanausbruchs auf Santorin!

Dies ist eine faszinierende Theorie. Allerdings muß man diesen Forschern entgegenhalten, daß die bei Platon erwähnte Zeitangabe „9000 Jahre vor Solon" (also ca. 9600 v. Chr.) dort nichts anderes ist als das Gründungsdatum des athenischen Staates – so wie das des ägyptischen mit 8000 Jahren vor Solons Besuch (ca. 8600 v. Chr.) angegeben wird – und daß an keiner Stelle des Textes die Aussage zu finden ist, daß Atlantis zu diesem Zeitpunkt untergegangen sei.

Vielmehr erfolgte das Versinken der Insel im Meer *nach* dem großen Krieg gegen Athen. Dieser Krieg wird zwar auch einmal im Zusammenhang mit „Ereignissen vor 9000 Jahren" genannt, doch da die eroberungswütigen Atlanter damals, laut Text, auch das Reich der Ägypter bedroht hatten, kann er eigentlich nicht vor Gründung des ägyptischen Staates (ca. 8600 v. Chr.) stattgefunden haben.

Das Abtauchen der Insel Atlantis im Meer steht auch keineswegs in unmittelbarem Zusammenhang mit diesem Krieg, wie von fast allen Textinterpretatoren fälschlicherweise angenommen wird. Denn sollte nicht nur die Niederlage gegen Athen, sondern auch das Verschwinden in den Fluten die Strafe gewesen sein, die die Götter für die Habsucht der Atlanter beschlossen hatten, so fragt man sich, warum dann nach Platons Angaben auch das tüchtige Athen zur selben Zeit „von der Erde verschlungen ward". Der Untergang beider Staaten trat vielmehr irgendwann einmal nach dem großen Krieg ein.

Vor diesem Hintergrund gehen, wenn man die jetzt in Betracht kommenden Zahlen durch Zehn teilt, die oben geschilderten, auf den ersten Blick bestechenden Rechenspiele von Galanopoulos und Bacon also nicht ganz auf.

Trotzdem: Auch wenn die Festlegung des Datums für den Untergang von Atlantis auf die Zeit um 1500 v. Chr., das ungefähre Datum des Vulkanausbruchs auf Santorin, sich so nicht erhärten läßt, ist sie dennoch dadurch auch nicht widerlegt! Aufgrund des Platontextes könnte Atlantis sehr wohl um 1500/1600 v. Chr. im Meer versunken sein, denn dieses Datum liegt ja innerhalb des in Frage kommenden Zeitrahmens, nämlich zwischen der Gründung des ägyptischen Staates um 8600 v. Chr. und dem Besuch Solons dort um 600 v. Chr.

Setzt man nun doch Santorin mit Atlantis gleich, so muß mit dem Vulkanausbruch Santorins und dem Absinken des Hauptteils dieser Insel ins Meer eine große Kultur untergegangen sein. Will man etwas über das Leben der Menschen erfahren, so findet sich bei Platon eine sehr detaillierte und faszinierende Beschreibung.

Das Leben auf der Insel Atlantis

Als die Götter die Erde unter sich aufteilten, erhielt Poseidon, der Gott des Meeres, die Insel Atlantis. Ihre besonderen Kennzeichen waren eine ausgedehnte Ebene und ein Hügel. Auf der Insel wohnte ein Mann namens Euenor mit seiner Gattin Leukippe. In deren einzige Tochter Kleito verliebte sich der Gott, nahm sie, als ihre Eltern gestorben waren, zur Frau und richtete für sich und seine Nachkommen die Insel nach seinen Vorstellungen ein.

Zunächst umgab er den etwa in der Mitte der Insel liegenden Hügel, auf dem er mit seiner sterblichen Frau Wohnsitz genommen hatte, mit einer ungewöhnlichen Schutzwehr. „Abwechselnd nämlich fügte er kleinere und größere Ringe von Meerwasser und Erde umeinander, und zwar zwei von Erde, drei mit Meerwasser, von der Mitte der Insel aus wie mit dem Zirkel abgemessen, überall gleichweit voneinander abstehend, so daß der Hügel unzugänglich für Menschen wurde; denn Schiffe und Schiffahrt gab es damals noch nicht."

Nachdem Poseidon diese konzentrischen Kreise aus Land und Wasser geschaffen hatte, versah er sein Reich mit einer heißen und einer kalten Quelle, und der Boden der Insel wurde sehr fruchtbar.

Poseidons Frau gebar fünfmal Zwillinge, alles Knaben. Als die Kinder erwachsen waren, teilte er das ganze Land für sie in zehn Teile auf. Der erstgeborene Sohn erhielt das größte Gebiet, nämlich den elterlichen Wohnsitz und die darumliegenden Teile, und er wurde eine Art Oberkönig über seine Brüder, die jeweils aber auch selbst „über viele Menschen und vieles Land" herrschten. Das Einflußgebiet der Könige und ihrer Nachkommen reichte sogar bis an Ägypten heran. Der älteste Sohn des Poseidon trug den Namen Atlas, „von dem ja auch die ganze Insel und das Meer, welches das Atlantische heißt, ihren Namen erhielten". Von den Nachkommen des Atlas wurde jeweils immer der Älteste wieder König.

Man verfügte über einen unerhörten Reichtum, „wie er wohl weder vorher in irgendeinem Königreiche zu finden war noch so leicht späterhin sich wieder finden wird, wohlversehen mit allem, was der Bedarf der Stadt wie der des übrigen Landes forderte". Der Wohlstand beruhte nicht nur auf Import von Waren aus abhängigen Gebieten, sondern vor allem auf der Insel selber, die alles Notwendige hervorbrachte.

Sie war reich an Bodenschätzen, darunter auch ein späterhin unbekannt gewordenes Gestein, nämlich Goldkupfererz (*Oreichalkos*), „welches damals, an vielen Stellen der Insel aus der Erde gefördert, unter diesem alten Menschengeschlecht nächst dem Golde am höchsten geschätzt ward". Es gab reichlich Wald, und der Boden brachte auch alle nur erdenklichen Pflanzen und Früchte hervor. Das günstige Klima aus Sonnenwärme und Feuchtigkeit ließ sie „in vortrefflicher und erstaunlicher Güte sowie in unermeßlicher Menge" gedeihen. Zu den zahlreichen Tierarten, zahme und wilde, die sich problemlos auf der Insel ernähren konnten, gehörten sogar Elefanten.

Eine rege Bautätigkeit (Paläste, Tempel, Häfen und Schiffswerften) ging auf der Insel vonstatten. Auf diesem Gebiet brachten die Nachfahren des Atlas sogar ganz besonders bemerkenswerte Leistungen zustande. Denn da sich ihre Königsburg von Anfang an auf dem Hügel, dem früheren Wohnort des Gottes Poseidon, befand, bauten sie

Brücken über die ringsum angelegten Wasserringe, um einen Zu- und Abgang zu haben.

Als die Schiffahrt einsetzte, gruben sie von der anderen Seite, vom Meer her, einen 50 Stadien langen Kanal (ein Stadion entspricht 177,6 Meter) durch die Insel bis zum äußersten Ring und ermöglichten so auch größeren Schiffen die Einfahrt bis dorthin. Weiter durchbrachen sie die anschließenden Landringe, die die Wasserringe voneinander trennten, so weit, daß man nun durch diesen Durchgang mit Dreiruderern von einem Ring zum anderen fahren konnte. Fuhr man durch die ein bis drei Stadien breiten Ringe durch, so war man am Zentrum angelangt, auf dem sich die königliche Burg befand. Diese zentrale Insel hatte einen Durchmesser von fünf Stadien. Sie und die beiden Landringe wurden durch steinerne Mauern, Türme und Tore geschützt.

„Die Steine dazu, teils weiß, teils schwarz, teils rot, brachen sie ringsum am Rande der in der Mitte liegenden Insel und unten an den Ringen außerhalb wie innerhalb." Die verschiedenfarbigen Steine der Bauten sollen eine Augenweide gewesen sein. Die um den äußersten Ring herumlaufende Mauer wurde dann noch mit Erz versehen, die innere mit geschmolzenem Zinn „und die Mauer um die Burg selbst mit Goldkupfererz, welches einen feurigen Glanz hatte".

Die Burganlage als solche, zu der neben dem Königspalast auch ein dem Poseidon geweihter riesiger Tempel gehörte, war an reicher Ausstattung nicht mehr zu überbieten: Goldkupfererz und Elfenbein, wohin man auch sah. Im Tempel befand sich neben unzähligen anderen Kostbarkeiten ein überdimensionales Standbild Poseidons, das bis an die prächtige Decke reichte und den Gott als Lenker von sechs geflügelten Pferden, umgeben von hundert Nereiden (Töchter des Meeresgottes Nereus) auf Delphinen, darstellte.

Gottheit des Südwinds (von Dimitris Kolioussis)

Auch der Bevölkerung schien es an nichts zu fehlen. Die früher von Poseidon eingerichtete heiße und kalte Quelle nutzte man auf ausgeklügelte Weise zur Bewässerung von Gärten und für Bäder. Dem Volk standen ausreichend Vergnügungsstätten zur Verfügung, sogar auf den Landringen gab es noch gesondert Sportplätze und Pferderennbahnen. Entsprechend dem ringförmigen System der Insel befanden sich die Wohnanlagen und auch die Häfen in unterschiedlicher Nähe zum Wohnsitz des Königs. „Der Ausfahrplatz aber und der größte Hafen wimmelte von Schiffen und Kaufleuten, die von allen Orten dort zusammenströmten und durch ihr massenhaftes Auftreten bei Tage wie bei Nacht Geschrei, Getümmel und Lärm mannigfacher Art verursachten."

Wie man sich erinnert, kennzeichnete die Insel Atlantis zu der Zeit, als Poseidon sie übernahm, nicht nur jener Hügel, auf dem der Gott, sein Sohn Atlas und dessen Nachkommen wohnten, sondern es war auch von einer Ebene die Rede. Diese war „von Gebirgen umschlossen, die sich bis zum Meere hinabzogen, während sie ihrerseits eine glatte und gleichmäßige Fläche bildete, im ganzen von länglicher Gestalt wie ein Rechteck, auf der einen Seite 3000 Stadien, in der Richtung vom Meere her in der Mitte 2000 Stadien lang".

Die Berge „übertrafen, wie die Lobpreisungen des damaligen Geschlechtes ergeben, an Menge, Größe und Schönheit alle jetzt vorhandenen", während um die ganze Ebene herum ein durch gewaltige menschliche Arbeitsleistung geschaffener, 10 000 Stadien langer Graben herumführte. Ein diffiziles Kanalsystem mit Querverbindungen und Zugang zum Meer diente der Versorgung der Bevölkerung.

Das Land des Atlas verfügte über eine außerordentliche Heeresmacht. Die Ebene war in 60 000 gleich große Zonen eingeteilt, für die alle die Verpflichtung bestand, im Kriegsfall einen Anführer zu stellen. Die „unendliche Menschenmasse auf den Gebirgen und im übrigen Lande" war jeweils einem dieser Grundstücke und dem betreffenden Kommandanten zugewiesen.

Die Anführer „mußten der geltenden Ordnung gemäß je sechs immer einen Kriegswagen stellen, im ganzen 10 000 Wagen, zwei Rosse und Reiter, ferner ein Zweigespann ohne Sessel, auf dem ein Krieger mit kleinem Schild seinen Platz hatte, der im Kampfe heruntersteig, und neben diesem Kämpfer noch ein Lenker für die beiden Rosse; außerdem mußte jeder noch zwei Schwerbewaffnete stellen und je zwei Bogenschützen und Schleuderer, je drei leicht bewaffnete Stein- und Speerwerfer und vier Seeleute zur Bemannung der zwölfhundert Schiffe". Eine enorme Streitmacht, wenn man bedenkt,

Gottheit des Nordwinds (von Dimitris Kolioussis)

daß diese Angaben allein für das Gebiet des Atlas gelten.

Von den zehn Königen herrschte jeder souverän über sein Land. Trotzdem gab es einen großen Zusammenhalt unter ihnen. Sie pflegten sich abwechselnd jedes fünfte und sechste Jahr im Tempel des Poseidon zu treffen, um über gemeinsame Angelegenheiten zu beraten und zu prüfen, ob einer von ihnen sich der Gesetzesübertretung schuldig gemacht habe. Denn sie selbst waren verpflichtet, sich nach den Anordnungen des Poseidon zu richten, die von den Urvätern in eine Säule aus Goldkupfererz eingraviert worden waren.

Mußte ein solches Gericht abgehalten werden, so ging dem stets ein spezielles Opfer- und Schwurritual voraus: Die zehn Herrscher machten Jagd auf einen der im heiligen Bezirk des Poseidon weidenden Stiere, den sie „ohne Eisen bloß mit Stöcken und Stricken" fingen, die Säule hinaufschafften und oben schlachteten.

„Wenn sie nun nach gesetzmäßigem Vollzug des Opfers alle Glieder des Stieres dem Gotte als Weihegabe darbrachten, warfen sie in einen dazu vorbereiteten Mischkessel für jeden einen Tropfen geronnenen Blutes, das Übrige übergaben sie dem Feuer, nachdem sie die Säule ringsherum gereinigt hatten." Dann schöpften sie mit goldenen Trinkschalen aus dem Mischkessel, spendeten ihr Trankopfer dem Feuer und schworen, sich nach den Gesetzen der Säule zu richten, gerechte Strafe zu verhängen und sich in Zukunft keiner absichtlichen Gesetzesübertretung schuldig zu machen.

Nach einem ausgiebigen Mahl und Körperpflege legten sie bei Anbruch der Dunkelheit, wenn das Opferfeuer erloschen war, „ein dunkelblaues Gewand von wunderbarer Schönheit" an und hielten, am Boden sitzend, Gericht über denjenigen, der der Verletzung des Gesetzes beschuldigt worden war. „Das Urteil aber, welches sie gefällt, trugen sie, sobald es Tag ward, auf eine goldene Tafel ein, die sie als Gedenktafel aufstellten mitsamt den Gewändern."

Die zehn Könige besaßen augenscheinlich einen großen Gerechtigkeitssinn und ein starkes Zusammengehörigkeitsgefühl. Es galt bei ihnen unter anderem auch noch die Bestimmung, sich niemals gegenseitig zu bekriegen und im Falle, daß doch einer von ihnen sich nicht daran hielte, dem Angegriffenen beizustehen. Die Oberleitung über Kriege und sonstige gemeinsame Angelegenheiten stand immer dem König aus dem Geschlecht des Atlas zu, der jedoch nicht das Recht hatte, einen seiner Verwandten zum Tode zu verurteilen, wenn nicht mindestens sechs von den zehn Herrschern zustimmten.

Viele Generationen hindurch, „so lange des Gottes Natur sich in ihnen noch fühlbar machte" – leider änderte sich dies später durch die stärkere Vermischung mit den Menschen zum Negativen –, blieben die Könige den Gesetzen verpflichtet. Mit der gewaltigen Macht und dem großen Reichtum gingen sie verantwortungsbewußt um, denn „in ihren Augen hatte nur die Tugend wahren Wert".

Die Vulkaninsel Santorin als Kern des Atlantis-Mythos

So wie Platon das Leben auf der Insel Atlantis schildert, müssen dort sowohl paradiesische Zustände geherrscht haben als auch kulturelle Höchstleistungen vollbracht worden sein. Handelt es sich um Legende oder Wahrheit? Sicher enthält die Geschichte zumindest einen wahren Kern. Mehrere Einzelheiten des Textes weisen tatsächlich auf das bronzezeitliche Santorin, dem um 1600 v. Chr. durch Absinken ins Meer dasselbe Schicksal beschieden war wie Atlantis.

Durch eine Reihe von archäologischen Funden steht inzwischen fest, daß Santorin ab dem dritten Jahrtausend v. Chr. bereits besiedelt war. Spektakuläre Ausgrabungen von Spyridon Marinatos in unserem Jahrhundert (ab 1967) in der Gegend von Akrotiri auf der Hauptinsel Thera brachten sogar eine bronzezeitliche Stadt ans Tageslicht, bei der sich zeigte, daß sich auf Santorin bis zur besagten Vulkankatastrophe eine hochstehende Kultur entwickelt hatte, die Parallelen zu der des minoischen Kreta aufweist.

Was das Aussehen der Insel angeht, so liegt es natürlich nahe, bei der von Platon beschriebenen runden Insel mit ihren konzentrischen Kreisen aus Wasser und Land an die prähistorische Vulkaninsel Santorin zu denken.

Nach geologischen Erkenntnissen soll bei der starken vulkanischen Tätigkeit im Laufe einer langen Erdgeschichte bereits vor dem in der Bronzezeit erfolgten Einsturz des Vulkankegels und der Bildung der großen Caldera immer wieder einmal eine Caldera eingebrochen sein. Diese wurde durch späteres Auswurfmaterial ganz oder teilweise wieder aufgefüllt.

Zwar gibt es keine Anhaltspunkte für eine aus konzentrischen Ringen aufgebaute Insel Santorin, wie dies bei Atlantis der Fall gewesen sein soll, doch kommen in der Natur durchaus ineinandergeschachtelte ringförmige Calderen vor. Die Geologen weisen auf den Gipfel des Kilimandscharo hin, dessen Oberflächenstruktur konzentrische Ringe darstellt. Falls ein solches, nach unten hin trichterförmig verlaufendes, konzentrisches Gebilde etwa auf Höhe des Meeresspiegels liegen würde, könnten bei einer eventuellen Überflutung durch Meerwasser abwechselnd Land- und Wasserringe entstehen, ähnlich wie sie bei Platon beschrieben sind.

Ferner deuten der fruchtbare Boden von Atlantis, die kalten und warmen Quellen sowie reichlich vorhandene Bodenschätze auf eine Vulkaninsel wie Santorin hin. Wenn Atlantis, wie es bei Platon heißt, durch „gewaltige Erdbeben und Überschwemmungen" im Meer versank, dürfte dies wohl ein überwältigendes Naturereignis wie ein Vulkanausbruch bewirkt haben, wobei die beim Untergang der Insel aufgetretenen „Schlammassen" vielleicht Eruptionsprodukte wie beispielsweise auf dem Wasser schwimmender Bimsstein bedeuten.

Erwähnenswert sind noch die von Platon als besondere Augenweide hervorgehobenen Farben der Gesteine von Atlantis: Weiß, Rot und Schwarz. Wer heute bei einem Besuch Santorins die steilen Calderawände betrachtet, findet dort genau das gleiche Farbenspektrum vor.

Andererseits ist auch nicht zu verkennen, daß gewisse Angaben bei Platon auf Kreta, die "Insel des Minos", zuzutreffen scheinen. Dort gibt es zwar nicht die entsprechenden weißen, roten und schwarzen Steine, die Insel hat keine runde Form und ist nie im Meer versunken – was einen daran hindern sollte,

Atlantis mit Kreta gleichzusetzen –, doch erinnern die von Platon beschriebene Landschaft (Ebene und Berge) und die Flora und Fauna (auf Kreta hat man sogar Elefantenzähne gefunden) an die relativ große Mittelmeerinsel.

Ferner läßt die Schilderung einer rituellen Stierjagd und -opferung eine Verbindung zum minoischen Kreta zu, wo der Stier bekanntlich ein wesentliches Kulturelement darstellte, ebenso wie das Vorhandensein einer Königsburg auf Atlantis an den Palast von Knossos denken läßt, der Anfang unseres Jahrhunderts von Sir Arthur Evans ausgegraben wurde. Die Beschreibung ist im einzelnen jedoch nicht zutreffend.

Der griechische Geophysiker Galanopoulos hat daraus den Schluß gezogen, daß Atlantis keine zusammenhängende Insel gewesen sei, sondern aus einer kleinen runden und einer sehr großen, etwa rechteckigen Insel bestanden habe. Die runde sei die Mutterstadt von Atlantis gewesen und mit der Insel Santorin zu identifizieren, während die längliche, die er als Königsstadt bezeichnet, die Insel Kreta verkörpere.

Er denkt dabei an den Poseidon-Hügel von Platons Atlantis einerseits und die ausgedehnte Ebene andererseits. Mit der von ihm bereits bekannten Teilung der Maßangaben Platons durch Zehn kommt Galanopoulos auf die Ausmaße der Messara-Ebene des heutigen Kreta – auch dies auf den ersten Blick wieder eine bestechende Theorie.

Allerdings hat Platon bei der Beschreibung von Hügel und Ebene nicht zwei der zehn Herrschaftsgebiete des Reiches besprochen, wie Galanopoulos annimmt, sondern nur das Gebiet des Atlas, und vor allem nicht erwähnt, daß es sich hierbei um zwei getrennte Inseln handele.

Zum Thema Kreta stellte der Akrotiri-Ausgräber Marinatos eine interessante Vermutung an. Der Umstand, daß die Atlantisgeschichte bei Platon von ägyptischen Priestern erzählt wird, führte ihn zu folgender Ansicht: Die Ägypter hätten stets die Kultur und den Reichtum des minoischen Kreta bewundert, und als durch den großen Vulkanausbruch von Santorin ihre Handelsverbindungen mit Kreta unterbrochen worden seien, hätten sie irrtümlicherweise angenommen, Kreta sei untergegangen.

Zwar versank Kreta nicht, doch ist im übertragenen Sinne die minoische Kultur einmal (in der späten Bronzezeit) untergegangen, und diese Tatsache könnte neben der Vulkankatastrophe von Santorin ebenfalls in den Atlantis-Mythos eingeflossen sein. Ob Platons Atlantis wirklich existierte, wissen weiterhin nur die Götter.

Jedenfalls scheint der bronzezeitliche Ausbruch des Santorinvulkans einen so nachhaltigen Eindruck auf die Menschen alter Zeiten gemacht zu haben, daß er zum Kern einer Sage wurde, die noch heute die Gemüter beschäftigt.

Ein jegliches hat seine Zeit,
und alles Vorhaben unter dem Himmel hat seine Stunde. *Prediger 3, 1*

Niemand aber entrinnt ewiger Götter Geschick. *Solon*

Wenn jemals, so gilt es jetzt,
zu genießen, was uns in der Eile ein Gott beschert. *Alkaios*

Denn Gottes unsichtbares Wesen ... wird ersehen seit der Schöpfung
der Welt und wahrgenommen an seinen Werken. *Römer 1,20*

Trachte zu erkennen, welcher Wogengang die Menschen trägt. *Archilochos*

Erkenne den richtigen Augenblick. *Pittakos*

Die Sonne geht auf an einem Ende des Himmels und läuft um bis wieder an sein Ende,
und nichts bleibt vor ihrer Glut verborgen. *Psalm 19,7*

Lobet Gott in seinem Heiligtum,
lobet ihn in der Feste seiner Macht! *Psalm 150,1*

DIE SENSATIONELLE AUSGRABUNG EINER VERSCHÜTTETEN KULTUR

Der verheerende Vulkanausbruch in der Bronzezeit – Eruptionen, Erdbeben und Flutwellen

Bei der großen Vulkaneruption um 1600 v. Chr. sind nach Einbruch des Meerwassers in die Caldera von dem einstigen Santorin nur noch die heutigen Inseln Thera, Therasia und Aspronisi übriggeblieben. Die antike Mythologie hat für das jetzige fragmentarische Aussehen eine anschauliche Erklärung parat. Sie macht den Gott Zeus dafür verantwortlich. Dieser führte einst einen gewaltigen Kampf gegen die Titanen um die Weltherrschaft.

Bei seinem Sieg griff er mit der rechten Hand in die Eingeweide von Santorin, riß das Mittelstück der Insel heraus und warf es den fliehenden Titanen nach. Die Konturen seiner mächtigen Hand können Phantasievolle heute noch an den Caldera-Abstürzen erkennen. Die vier kleinen Buchten an der Innenseite der Insel Thera würden demnach die Umrisse der vier göttlichen Finger darstellen, während die Meerenge bei Akrotiri zwischen Thera und der Insel Therasia durch das Eindrücken des Daumens entstanden wäre.

Trotz dieser bemerkenswerten Geschichte bleibt der Vulkanausbruch eine Tatsache. Er wird als die größte bekannte Naturkatastrophe dieser Art betrachtet. Wie sah der Ablauf der Eruption aus?

Vor dem eigentlichen Ausbruch traten bereits Erdbeben auf, die die Menschen dazu bewogen, die Insel zu verlassen. Die Erschütterungen ließen Treppen zerbrechen und Wände zusammenfallen. Als die Beben vorbei waren und offenbar für eine längere Zeit Ruhe einkehrte, trauten sich die Bewohner irgendwann einmal wieder auf die Insel zurück. Nun machten sie sich an die Aufräum- und Reparaturarbeiten, die Trümmer wurden beiseite geschafft und baufällig gewordene Häuser zum Teil abgerissen.

Einige Jahre später (man nimmt ein bis fünf Jahre an), während sie mit dem Wiederaufbau beschäftigt waren, setzte der tatsächliche Vulkanausbruch ein. Das glutheiße, in der Tiefe geschmolzene Gestein (Magma) konnte durch den verstopften Schlot des Vulkans keinen Ausgang finden, und so hatte sich ein ungeheurer Druck aufgestaut, der schließlich den oberen Teil des Vulkans wie bei einer explodierenden Sektflasche freisprengte.

Auch diesmal waren die Bewohner wohl durch Erdbeben vorgewarnt worden und konnten alle die Insel noch rechtzeitig verlassen. Vielleicht hatten sie auch Gase oder Rauch im Zusammenhang mit dem Ausbruch zur Flucht veranlaßt. Jedenfalls stieß man später bei den Ausgrabungen auf keine menschlichen Skelette. Ferner ist anzunehmen, daß die Einwohner ihre wichtigsten Wertgegenstände mitgenommen hatten, da in den Ruinen auch keine gefunden worden sind.

Während der ersten Ausbruchsphase traten vulkanische Gase aus, und feine millimetergroße Bimssteinkügelchen wurden in die Luft geschleudert, die sich dann als zentimeterdicke Schicht über die Insel legten. Die Eruptionswolke erreichte sogar die Türkei, wo entsprechende Bimssteinablagerungen (ca. zwei Zentimeter stark) auch heute noch den in weiter Ferne erfolgten Vulkanausbruch bezeugen.

Was die Einwohner von Santorin anbelangt, so kehrten sie im Gegensatz zu früher in der anschließenden Ruhephase, in der die Bimssteinschicht Zeit zum Oxydieren fand, nicht mehr zurück, sondern schienen die Insel endgültig verlassen zu haben. Was aus ihnen wurde, ist ungewiß.

Ihre Angst erwies sich im Nachhinein als berechtigt, denn es setzten bald, spätestens zwei Jahre danach, wieder heftige Eruptionen ein. Die Bimssteinstücke waren dieses Mal größer (drei bis fünf Zentimeter), wie sich auch eine stärkere Ablagerungsschicht bildete, die etwa dreißig Zentimeter, stellenweise auch einen halben Meter dick war.

Im weiteren Verlauf des Ausbruchs wurden diese Ausmaße noch einmal bedeutend übertroffen, denn der Vulkan spie bis zu fünfzig Zentimeter dicke Brocken aus, und die Stärke dieser Schicht war ein bis sechs Meter hoch. In der letzten Eruptionsphase ging eine gewaltige Aschenschicht nieder, die an einzelnen Stellen eine Stärke von mehr als dreißig Meter aufwies.

Überhaupt leerte sich beim Ausbruch des Santorinvulkans dessen Inneres völlig. Das flüssige Magma der Tiefe trat in Form von erstarrender Lava und explosionsartig herausgeschleuderten Schlacken und Bimssteinen an die Oberfläche, aber auch ältere Gesteinsblöcke des Schlotes wurden herausbefördert. Die riesige Menge von Auswurfmaterial hatte zur Folge, daß die ganze Vulkankonstruktion nicht mehr hielt, in sich zusammenstürzte und in die Tiefe sackte. Beim Einsturz des Vulkankraters entstand durch Rutscherosionen des Randes die Caldera in den heutigen Ausmaßen.

Von den übriggebliebenen Inselfragmenten wurde bereits an anderer Stelle gesprochen. Eine so verheerende Eruption wie der Ausbruch auf Santorin hatte aber natürlich auch Auswirkungen auf die nähere und weitere Umgebung. Der Archäologe Spyridon Marinatos hat als erster in dem Hafenort Amnissos auf Kreta Bimssteinschichten des Santorin-Ausbruches nachgewiesen, und inzwischen sind unter anderem auf den Kykladeninseln Anafi, Melos und Naxos, auf Kos, in Makedonien und in Kleinasien Bimsstein und Asche festgestellt worden.

Bei der „Santorin-Katastrophe" werden auch gewaltige Flutwellen angenommen, die der Einsturz des Vulkans auslöste und die große Zerstörungen im Mittelmeerraum, insbesondere auf Kreta, angerichtet haben können. Welches Ausmaß die Flut wirklich hatte, ist allerdings wieder umstritten.

Um eine Vorstellung von einer solchen Flut zu vermitteln, wird oft auf den Parallelfall des Krakatau-Ausbruchs aus dem Jahr 1883 n. Chr. hingewiesen. Der Vulkan Krakatau, der in der Sundastraße zwischen Sumatra und Java liegt, kostete damals etwa 40 000 Menschen auf Java das Leben. Der Donner der Eruptionen war so stark, daß man ihn noch auf den Philippinen, in Australien und auf Madagaskar hörte. Im Umkreis von 160 Kilometern waren schwimmende Bimssteinmassen anzutreffen. Der Aschenauswurf hatte den Tag verdunkelt, und Teile der riesigen Staubwolke erreichten später sogar Japan, Afrika und Europa. Luftdruck- und klimatische Veränderungen wurden auf der ganzen Welt verzeichnet.

Der Krakatau-Ausbruch löste bis zu vierzig Meter hohe Flutwellen aus. Während hier die Wellen eine große Meeresfläche zum Auslaufen hatten, bevor sie auf die Küste Javas stießen, ist im Falle Santorins das begrenzte Gebiet der Ägäis zu berücksichtigen. Beim Auftreffen dieser Wassermassen auf das griechische Festland und die kleinasiatische Küste sollen nach Ansicht einzelner Wissenschaftler sogar Höhen von einhundert Meter erreicht worden sein. Andere wiederum können der Vorstellung von einer derart gigantischen Flut nicht so viel abgewinnen. Nunmehr spricht man meist von einer – immerhin auch beachtlichen – mindestens dreißig Meter hohen Flutwelle, die etwa eine halbe Stunde nach dem Vulkanausbruch Santorins auf das hundert Kilometer entfernte Kreta traf.

Zwar wird heute nicht mehr für wahrscheinlich gehalten, daß die Flut auch den Palast von Knossos zerstörte, weil dieser sechzig Meter über dem Meeresspiegel lag, doch wurden wohl zumindest die Küstenbereiche überspült und die minoischen Städte dort stark beschädigt.

Für die sonstigen verheerenden Zerstörungen auf der Insel Kreta, die es zweifellos gab, macht man inzwischen nicht mehr die Flutwellen verantwortlich, dafür aber mit dem großen Vulkanausbruch von Santorin zusammenhängende Erdbeben, die wiederum teilweise Feuersbrünste hervorriefen. Einem solchen Brandherd sind eine Reihe von höhergelegenen Siedlungen wie Sklavokampos und Tylissos zum Opfer gefallen.

So bedeutende Paläste und Städte wie Knossos, Phaistos und Hagia Triada waren nachhaltig von den Erdbeben betroffen. Trotzdem scheint damit allerdings noch nicht der endgültige Untergang der minoischen Kultur verbunden gewesen zu sein, denn der Palast von Knossos wurde trotz weitgehender Zerstörung wieder instandgesetzt, blieb jedoch nunmehr der einzige auf Kreta.

Er soll erst um 1400 v. Chr., auch durch Erdbeben, zertrümmert worden sein. Der berühmte Ausgräber dieses Königspalastes, Sir Arthur Evans, hat übrigens darauf hingewiesen, daß während der minoischen Zeit auch in den Jahrhunderten zuvor bereits schwere Beschädigungen durch Erdbeben angerichtet worden sind, denen jeweils ein Wiederaufbau folgte. Die Santorin-Katastrophe muß jedoch das größte Unheil angerichtet haben.

Auch wenn Kretas Macht damit noch nicht ganz dahin war: Seine Vorrangstellung in der Ägäis büßte es auf jeden Fall ein. Die Ansicht von Marinatos, der sich auf Evans beruft, daß nämlich enorme Flut- und Luftdruckwellen beim Ausbruch des Santorinvulkans die Häfen Kretas und damit die minoische Seemacht zerstörten, hat insofern sicher auch etwas für sich – wenn man sie in diesem Sinne versteht.

Nicht zu unterschätzen ist die psychologische Wirkung des Santorin-Ausbruchs. Die Archäologin Nanno Marinatos, die Tochter des berühmten Forschers, nimmt an, daß die gewaltigen Naturereignisse, die ja auch die Herrscher und Priester auf Kreta nicht verhindern konnten, letztlich deren Glaubwürdigkeit und Legitimation erschütterten, was Kretas Macht schwinden ließ.

Erdbeben, Flutwellen – die alten Griechen dachten in solchen Fällen an den in der Tiefe der Ägäis wohnenden Meeresgott Poseidon. Der „Erderschütterer" Poseidon, der nach griechischem Mythos mit seinem gewaltigen Dreizack das Meer aufwühlt und auch die Erde erbeben läßt, hatte den religiösen Vorstellungen zufolge beim Santorin-Ausbruch wohl auch seine Hand im Spiel.

Die Spurensuche der Archäologen

Adler-Relief in Alt-Thera

Wie ein grünes Paradies muß die Insel Santorin vor dem verheerenden Vulkanausbruch einmal ausgesehen haben. Nachdem eine Reihe vulkanischer Ereignisse die Insel im Laufe der Erdgeschichte immer wieder verändert hatte, scheint sich in einer langen Ruhephase eine üppige Vegetation ausgebreitet zu haben, ein Urwald von allen möglichen Mittelmeerpflanzen.

Irgendwann – dies muß im dritten Jahrtausend v. Chr. gewesen sein – lockte das prächtige Eiland Menschen an, die nicht ahnen konnten, daß in der Tiefe vulkanische Kräfte schlummerten und jederzeit ausbrechen konnten. Es gelang ihnen offenbar gut, sich auf der Insel einzurichten. Wie lebten nun die Bewohner Santorins vor der Vulkankatastrophe in der Bronzezeit? Aufgrund bedeutender Funde ist man heute in der Lage, sich ein Bild von der damaligen Zivilisation zu machen.

Die Erforschung der Insel durch Archäologen setzte im 19. Jahrhundert ein. Wie so oft gab auch im Falle Santorins ein scheinbar zufälliger Zusammenhang den entscheidenden Anstoß zur Suche nach dem, was die Erde bisher verborgen hielt. Eine solche schicksalsträchtige Rolle spielte die Erbauung des Suez-Kanals im fernen Ägypten durch den französischen Ingenieur Ferdinand de Lesseps (1859–1869).

Ausgerechnet der vulkanische Bimsstein Santorins, der auf der Insel reichlich vorhanden war, erwies sich als dringend benötigter Rohstoff für die Kanalkonstruktionen. Denn wird dieser mit Kalk in einem bestimmten Verhältnis gemischt, ergibt sich das sogenannte Pozzuolan (auch Santorin-Erde genannt), das unter Wasser zementartig erhärtet und gerade gegenüber Meerwasser äußerst resistent ist. Um den Bedarf für den Kanalbau zu decken, wurden auf Santorin eigens Bergwerke gegründet.

Nun stieß man beim Abbau von Bimsstein auf der Südspitze der Insel Therasia 1860–62 auf die Reste prähistorischer Wohnungen. Dies fand das Interesse des Tagebaueigentümers Alaphousos und eines einheimischen Arztes namens Nomikos, und so begannen diese 1866 mit den ersten Grabungen. Ein Jahr später setzte sie der französische Geologe F. Fouqué fort, der sich eigentlich zur Vulkanbeobachtung – damals hatte eine große Eruption stattgefunden – auf der Insel aufhielt. Zwar ist von den Ausgrabungen heute nichts mehr zu besichtigen, doch war man damals immerhin bereits darauf aufmerksam geworden, daß sich unter den Bimssteinschichten Reste einer alten Kultur verbergen mußten.

Bis zur sensationellen Ausgrabung von Akrotiri auf der Insel Thera durch Spyridon Marinatos im 20. Jahrhundert waren allerdings noch einige Zwischenschritte archäologischer Tätigkeiten nötig. 1870, drei Jahre nach Foqués Wirken, gruben zwei französische Archäologen, Mamet und Gorceix, erneut an diesem Ort auf der Insel Therasia, unternahmen aber auch erstmals Forschungen auf der Insel Thera, und zwar bereits an mehreren Stellen im Umkreis von Akrotiri (im Süden Theras). Abgesehen von einer Anzahl gut erhaltener Vasen, die man in den Überresten prähistorischer Wohnungen fand, war von besonderer Bedeutung, daß die Häuserwände mit den Farben Schwarz, Rot, Blau und Gelb verziert waren, wie sie auch im Palast von Knossos auf Kreta anzutreffen sind. Immer deutlicher zeichnete sich ab, daß man von einer beachtlichen Kultur vor dem großen Vulkanausbruch auszugehen hatte.

Die letzten Jahre des 19. Jahrhunderts sind gekennzeichnet durch die großen Ausgrabungen des Freiherrn Friedrich Hiller von Gaertringen – allerdings nicht in Akrotiri, sondern auf dem Felsrücken Messa Vouno. Der deutsche Archäologe legte dort von 1896 bis 1902 auf eigene Kosten systematisch die Stadt Alt-Thera frei, die die griechischen Dorer um 900 v. Chr. – also nach dem Vulkanausbruch – gegründet hatten. Da man zu diesem Zeitpunkt noch nichts Eindeutiges von der prähistorischen Besiedlung Santorins wußte, sah man Alt-Thera zunächst als die älteste Stadt auf der Insel an. Sie repräsentiert allerdings die Epoche der Antike, die zweite kulturelle Blütezeit Santorins. Einen besonderen Stellenwert genießen dabei die aus dem 3. Jahrhundert v. Chr. stammenden Felsenreliefs, wie z. B. die Abbildung eines Adlers als Symbol des griechischen Gottes Zeus.

Während die Arbeiten damals im Gange waren, hatten aber auch einige Mitarbeiter von Gaertringens, unter der Leitung von Robert Zahn, wieder in der Gegend von Akrotiri archäologische Untersuchungen durchgeführt. An dieser Stelle (Potamos) südöstlich von Akrotiri kamen bedeutsame Keramikfunde zum Vorschein, die ebenso wie die in einem Erosionsgraben festgestellten Reste von Häuserwänden auf eine Siedlung von hoher Kulturstufe schließen ließen.

Im 20. Jahrhundert sollte dann nach diversen Grabungen der entscheidende archäologische Durchbruch gelingen. Nichts war so aufsehenerregend wie die tatsächliche Entdeckung einer bronzezeitlichen Stadt, die um 1600 v. Chr. vom Vulkanausbruch verschüttet worden war. Die 1967 begonnenen Ausgrabungen von Akrotiri wurden zur Weltsensation.

Der Ruhm gebührt zu Recht dem griechischen Archäologen Spyridon Marinatos. Mehrere Gründe hatten ihn bewogen, nahe dem heutigen Dorf Akrotiri zu graben. Wie bereits erwähnt, hatte er in den 1930er Jahren in Kreta geforscht. Dort war er bei der Ausgrabung einer minoischen Villa in Amnissos auf Bimsstein des Santorin-Ausbruchs gestoßen und hatte daraufhin die Vermutung geäußert, daß riesige Flutwellen bei der Eruption des Santorinvulkans den Untergang der kretisch-minoischen Kultur herbeigeführt hätten.

Um Beweise für seine Theorie zu finden, begab er sich später auf die Insel Santorin selbst. Von den bisherigen Grabungsplätzen dort bevorzugte er Akrotiri, weil dieses nahe am Meer und geographisch günstig zu Kreta lag, außerdem aufgrund des flachen Geländes leichter zugänglich war. Von den Menschen, die in der Umgebung lebten, konnten sich einige sogar noch an die Forschungen Robert Zahns erinnern. Da der Boden oft schon bei der geringsten Belastung einbrach, konnte man mit unter der Oberfläche liegenden Hohlräumen rechnen, was Marinatos endgültig veranlaßte, hier seine Untersuchungen anzustellen.

1967 wurden nun seine Ausgrabungen in großem Stil vorgenommen und von entsprechendem öffentlichen Interesse begleitet. Zum Vorschein kam eine Stadt, die bei der gewaltigen Eruption von ca. 1600 v. Chr. durch Asche- und Bimssteinschichten bedeckt worden war – heute eine Touristenattraktion ersten Ranges. Ähnlich wie im italienischen Pompeji, das 79 n. Chr. vom Vesuv-Ausbruch verschüttet wurde, hatte auch hier das vulkanische Auswurfmaterial zur Konservierung von Mauern, Gebäuden und Gegenständen beigetragen.

Die Freilegung der prähistorischen Stadt Akrotiri, die zu den bedeutendsten archäologischen Leistungen im Mittelmeerraum gehört, ist unter der Leitung von Christos Doumas, Marinatos' Nachfolger, immer noch im Gange, ja es scheint, daß erst ein kleiner Teil der einstmals blühenden Stadt ausgegraben ist. Tragischerweise fand der Entdecker Marinatos während der Arbeiten auf dem Areal 1974 den Tod. Wäre dieser große Archäologe nicht gewesen, besäßen wir heute nicht Einblicke in die hohe Kultur, die vor dem Vulkanausbruch auf Santorin blühte, und außergewöhnliche Kunstwerke wären der Nachwelt wohl für immer verborgen geblieben.

Vorratsgefäße in Akrotiri

Akrotiri: Die ausgegrabene Stadt offenbart wundervolle Kunstwerke ersten Ranges

Ausgrabung von Akrotiri

Die Bronzezeit (3000 – 1500 v. Chr.), jene vorgeschichtliche Epoche, die auf die Steinzeit folgt, ist nach dem Material benannt, das mit dem Aufkommen der Metallverarbeitung vielfach für Geräte, Waffen und Schmuck verwendet wurde. Zu Beginn dieser Zeit wurde, den Ergebnissen der archäologischen Forschungen zufolge, die Südspitze der Insel Therasia und die Gegend von Akrotiri auf Thera besiedelt.

Man fand bei den geschilderten Ausgrabungen architektonische Reste und Keramik aus der „früh-" und „mittelkykladischen Periode" (vor 2000 v. Chr. bzw. 2000 – 1500 v. Chr.). Unabhängig vom griechischen Festland hatte sich in der Ägäis eine eigenständige Kykladenkultur entwickelt, geprägt durch den Seehandel, für den die zentrale Lage der Kykladeninseln zwischen griechischer, kleinasiatischer und nordafrikanischer Küste günstig war.

In der zweiten Hälfte der Bronzezeit wurde die Mittelmeerinsel Kreta zur beherrschenden Macht im ägäischen Raum, und so gerieten auch die Kykladen unter ihren Einfluß. Kreter ließen sich im zweiten Jahrtausend v. Chr. auf Santorin (Thera) nieder. Bald scheint auch die Stadt Akrotiri ganz stark von der minoischen Kultur (bezeichnet nach dem sagenhaften König Minos von Kreta) geprägt gewesen zu sein, da die Architektur und besonders die Wandmalereien die bei der Ausgrabung ans Licht kamen, hinsichtlich ihres Stils in verblüffender Weise dem minoischen Kreta ähneln. Im Bereich der Keramik scheint sich noch am ehesten die kykladische Tradition erhalten oder fortgesetzt zu haben.

Zehntausende von Tongefäßen mit mehr als fünfzig Formen wurden bei der Ausgrabung von Akrotiri sichergestellt. Vorratsgefäße mit spitzem Boden waren für den Transport auf Schiffen bestimmt, wo man sie als Vorsichtsmaßnahme in Sand steckte.

Die einheimischen Gefäße springen durch viele interessante und ausgefallene Formen ins Auge. Als solche kykladischen Spezialitäten gelten der zylindrische Blumentopf, das Sieb und vor allem die Brustwarzenkanne. Bei diesem kuriosen Gefäßtyp, den meist die Abbildung von Gerstenähren oder Schwalben ziert, sind auf der Vorderseite gegenüber dem Henkel zwei weibliche Brustwarzen aufgesetzt. Einer besonderen Erwähnung bedürfen noch die aus Straußeneiern gefertigten Gefäße, die auf gute Handelsverbindungen mit Nordafrika (Ägypten) schließen lassen.

Die bemerkenswerten Keramikprodukte kann man heute größtenteils im Museum von Fira bewundern. Um die Eigenart der bronzezeitlichen Architektur zu studieren, empfiehlt sich ein Rundgang durch das Ausgrabungsgelände von Akrotiri.

Nichts hat die Ausgräber dieser

prähistorischen Stadt jedoch so sehr in Bann geschlagen wie die in den dortigen Wohnungen gefundenen großen Wandmalereien. Diese einmaligen Kunstwerke, die ältesten Monumentalmalereien im griechischen Raum, besitzen große Schönheit und Anmut.

Die zwei- bis dreistöckigen Häuser von Akrotiri, die im Erdgeschoß meist Vorratsräume mit den typischen *Pithoi* (großen Gefäßen) aufwiesen, hatten neben Wohn- und Schlafzimmern in den oberen Stockwerken sogenannte Kulträume, wo man die großartigen Wandmalereien antraf. Sie sind Zeugnisse für den hohen Standard der damaligen Kunst sowie der Kultur der Einwohner von Akrotiri, ja geradezu ein lebendiges Abbild für die Lebensgewohnheiten und -bedingungen auf Santorin vor dem Vulkanausbruch.

Die Bewohner Akrotiris übernahmen die Maltechnik Kretas. Es handelt sich jedoch nicht um reine Freskotechnik, bei der die Farbe auf den frischen Putz aufgetragen wird, sondern der Künstler begann mit der Bemalung zwar auf feuchtem Mörtel, ließ die Wand aber unterdessen trocknen, so daß er schließlich auf ganz trockener Oberfläche arbeitete. Zuvor war der Mörtel mit Kieselsteinen glattpoliert worden. An Farben benutzte man Rot, Schwarz, Blau, Gelb und Braun.

Auch der Stil der Gemälde orientiert sich deutlich an minoischen Vorbildern, übertrifft diese jedoch noch an Bewegtheit der Darstellung sowie Ideen- und Abwechslungsreichtum. Neben ornamentalen Zeichnungen gibt es naturgetreue und äußerst grazile Abbildungen von Pflanzen, Tieren und Menschen. Zum Teil füllen großangelegte Kompositionen von Landschaften mit Menschen oder Tieren mehrere Wandflächen aus. Im folgenden seien die bedeutendsten Wandmalereien ein wenig beschrieben, da man diese in Akrotiri selbst nicht besichtigen kann. Sie sind heute im Archäologischen Nationalmuseum in Athen untergebracht.

Zu den kostbarsten bildlichen Darstellungen gehören zunächst die sogenannten Miniaturmalereien. Die berühmteste Szene ist das „Schiffsfresko" von der Südwand eines Hauses, das festlich geschmückte Ruder- und Segelschiffe mit bewaffneten Kriegern zeigt, die von einer Hafenstadt abfahren, unterwegs von Delphinen begleitet werden und in einer anderen prächtigen Stadt ankommen. Das Fresko bietet aufgrund seiner vielen Details so zahlreiche Informationen über Menschen und Natur sowie Architektur, Waffenausrüstung und Schiffsbau der Bronzezeit, daß es von unschätzbarem Wert für die Forscher ist. Die Einzelheiten können hier nicht beschrieben werden; es sei jedoch zumindest darauf hingewiesen, daß diese allererste Abbildung prähistorischer Schiffe sogar die Rekonstruktion der damaligen ägäischen Schiffe zuläßt.

Das monumentale „Frühlings- oder Lilienfresko", auf drei Zimmerwände ausgebreitet, zeigt eine felsige, vermutlich vulkanische Landschaft in roter, schwarzer und gelber Farbe (natürlich ist an Santorin zu denken), auf der rote Lilien blühen. Den besonderen Reiz dieses Gemäldes machen die um die Blumen im Liebesspiel herumfliegenden Schwalben aus.

Die „Papyrusdarstellung", ein ebenfalls drei Wände füllendes Bild, zeigt die in Ägypten wachsenden Pflanzen. Das gleiche Motiv findet sich auch im Palast von Knossos auf Kreta.

Die „blauen Affen" gehören wegen der besonderen Lebendigkeit der Darstellung zu den berühmtesten Wandgemälden von Akrotiri, auch wenn dieses Fresko nur noch bruchstückhaft erhalten ist. Die Tiere in der ungewöhnlichen Farbe – man nimmt an, daß es Paviane sein sollen – klettern hastig rote und gelbe Felsen hinauf. Vielleicht wurden die Affen auf Santorin als heilig verehrt (s. Bild S. 86).

Ebenso bekannt sind „die Antilopen". Auch hier fasziniert die feine, präzise Zeichnung – man hat sie als Sömmeringgazellen identifiziert – und die treffende Wiedergabe der Gewandtheit der Tiere. Besonders ausdrucksstark ist ein Paar, bei dem sich die eine Antilope zur anderen umdreht und sich beide mit offenen Mäulern ansehen. Wie das Fresko der blauen Affen zeigt auch diese Wandmalerei die Verbindungen Santorins zu Afrika auf.

Fresko der Antilopen

Ein glänzendes Beispiel für den minoischen Einfluß und gleichzeitig für die Lebensgewohnheiten der Akrotirer ist das Gemälde der „Krokuspflückerinnen". Es zeigt sechs junge Frauen in bunter minoischer Kleidung und reichem Schmuck an Stirn, Ohren, Hals und Armen. Aus den Krokusblüten, die sie in felsiger Landschaft pflücken, ließ sich Safran gewinnen, der in der einheimischen Küche und für das Färben von Textilien Verwendung fand. Im übrigen haben die Ausgrabungen ergeben, daß wohl jedes Haus in Akrotiri einen Webstuhl besaß (man fand entsprechende Gewichte) und man die Kleider selber herstellen konnte.

Weniger eindeutig ist das „Frauenfresko" zu interpretieren. Was die zwei Frauen in ihren Händen tragen, ist nicht mehr zu erkennen. Beide machen eine Vorwärtsbewegung, wobei die eine sich jedoch besonders vorbeugt und mit entblößter Brust dargestellt ist. Vielleicht bringen sie Opfergaben dar oder es handelt sich um die Bekleidungszeremonie für eine Priesterin (s. Bild S. 6).

Es gibt tatsächlich auch noch das Bild einer „jungen Priesterin" an einem Zimmerdurchgang. Diese trägt über einer schmucken Bluse ein langes ärmelloses Gewand, das über die eine Schulter geworfen wurde. Die Frau hält vermutlich ein Räuchergefäß in den Händen, um die Luft mit Weihrauch zu erfüllen.

Kräftige Farben und äußerst große Lebendigkeit trifft man bei dem

Fresko eines Fischers

ungewöhnlichen Wandgemälde der „boxenden Knaben" an. Dargestellt sind zwei Kinder im Alter von etwa neun Jahren, deren rechte Hand jeweils in einem blauen Fausthandschuh steckt. Zusätzlicher Schmuck des linken Knaben an Hals, Arm und Fuß läßt auf vornehme Herkunft schließen (s. Bild S. 87).

Die zwei berühmten Darstellungen je eines „Fischers" weisen sehr große Ähnlichkeit zu dem Bild der boxenden Knaben auf. Auch hier sind die Körper der Männer rot ausgemalt, und der bis auf zwei schwarze Strähnen kahlrasierte Kopf ist jeweils blau eingefärbt. Da sie sich nackt präsentieren, wird vermutet, daß es sich um eine religiöse Zeremonie handeln könnte, bei der die Fische geopfert werden.

Welche Schlußfolgerung ergibt sich nun aus den bedeutenden Ausgrabungen von Akrotiri? Der Eindruck ist der einer städtischen Gemeinschaft, die einen sehr hohen Lebensstandard genoß und wirtschaftlich autark war. Man ernährte sich von Landwirtschaft, Viehzucht und Fischfang und ging diversen Handwerken nach. Der ausgesprochene Wohlstand auf der Insel kam durch die Schiffahrt und den Handel mit fremden Ländern zustande. Aus den vielfältigen Bezügen zur minoischen Kultur geht hervor, daß der Austausch mit Kreta wohl die wichtigste Voraussetzung für den Reichtum Akrotiris war.

Die große Zahl der künstlerischen Wandgemälde läßt annehmen, daß viele Bewohner der Stadt in Wohlstand lebten und kaum krasse Gegensätze zwischen Arm und Reich bestanden. Die Menschen waren auch keiner Zentralgewalt, wie z. B. einem König, untergeordnet, sondern organisierten viele Bereiche ihres Lebens selbständig. Ferner scheint es keine direkte politische Abhängigkeit von Kreta gegeben zu haben. Nach Ansicht von Christos Doumas, dem heutigen Leiter der Ausgrabungen, war Akrotiri keine minoische Kolonie im engeren Sinn, sondern eher ein Handelsplatz, an dem sich Agenten aus Kreta niederließen, um sich die wirtschaftlichen Möglichkeiten von Land und Leuten nutzbar zu machen.

Der ungebundene und anmutige Stil der Wandmalereien steht in bemerkenswertem Gegensatz zur ägyptischen Kunst, die im Vergleich damit oft eher starr wirkt. In dem heißen Land am Nil organisierte eine despotische Herrschaft der Pharaonen das Leben der Untertanen. Im Falle Santorins jedoch drückte sich die relative Freiheit der Menschen wohl nicht zuletzt in einem vitaleren Kunststil aus.

Das Volk der Akrotirer muß ein großes Gespür für Schönheit und eine besondere Freude an der Gestaltung farbenfroher und lebendiger Kunstwerke gehabt haben. Vielleicht lebte diese scheinbar heitere Gesellschaft bis zum Vulkanausbruch ja doch in einer Art atlantischem Paradies.

Und ich sah, und es war wie ein gläsernes Meer, mit Feuer gemengt. *Offenbarung des Johannes 15, 2*

Dies ist der Tag, den der HERR macht;
laßt uns freuen und fröhlich an ihm sein. *Psalm 118, 24*

Ich suchte mich selbst. *Heraklit*

Du mache dich gern an das Maß deiner Arbeit,
Daß dir der Jahreszeiten Ertrag ausfüllt deine Speicher. *Hesiod*

Des Menschen Tage sind wie Gras,
er blüht wie die Blume des Feldes. *Psalm 103,15*

Ich werde alt, beständig viel lernend. *Solon*

Gering ist der Menschen Macht. *Simonides*

Nicht allzeit wird dauern der Sommer. *Hesiod*

SANTORIN – GESCHICHTE UND MYTHOS DER „SCHÖNSTEN INSEL"

Nachdem die Vulkaneruption von ca. 1600 v. Chr. die blühende Stadt Akrotiri unter einem Bimssteinmantel begraben hatte, war die Insel Santorin mehrere Jahrhunderte unbewohnt. Vermutlich ließen sich um 1200 v. Chr. Phönizier auf der Insel nieder, der Sage nach auf Geheiß des Kadmos, der auf der Suche nach seiner vom Gott Zeus entführten Schwester Europa auch Station auf Santorin machte und dort seinen Gefolgsmann Membliaros zurückließ.

Dem antiken Historiker Herodot zufolge sollen die Phönizier acht Generationen lang die Insel beherrscht haben, ehe der aus Sparta stammende Heerführer Theras sie für die griechischen Dorer in Besitz nahm. Die neuen Einwohner hätten zu Ehren ihres Anführers der Insel den Namen „Thera" gegeben. Jedenfalls steht fest, daß um 900 v. Chr. die dorische Stadt Alt-Thera auf dem wie eine Festung aus dem Meer aufragenden Messa Vouno gegründet wurde, einem Ausläufer von Santorins höchstem Berg Profitis Elias. Im Gegensatz zum einstigen Wohlstand der Akrotirer scheinen die neuen Siedler das sprichwörtlich „spartanische" Leben geführt zu haben.

Im Jahr 630 v. Chr., so erzählt der griechische Dichter Pindar, richteten die Bewohner von Thera ihrerseits in Libyen für sich eine Kolonie ein, einem Orakelspruch folgend, weil sie zu Hause jahrelang von einer Dürre heimgesucht wurden. Ab dem 6. Jahrhundert v. Chr. prägte Thera seine eigenen Münzen mit dem Motiv zweier übereinanderliegender Delphine.

Im klassischen Altertum genoß die Insel weitgehend Unabhängigkeit, fiel aber in der hellenistischen Zeit in den Machtbereich der Ptolemäer (275 v. Chr.) und geriet anschließend unter die Herrschaft der Römer (146 v. Chr.). Von den aus Ägypten kommenden Ptolemäern wurde die Stadt Alt-Thera zum Kommandantursitz ausgebaut und erlebte dadurch einen Aufschwung.

Das archäologische Ausgrabungsgelände mit den Überresten von Heiligtümern und öffentlichen Gebäuden kündet noch heute von dieser Bautätigkeit. Die Ausgrabungsstätte der antiken Stadt – die Schrifttafeln in deutscher Sprache stammen noch aus der Zeit Hiller von Gaertringens – ist zwar weniger spektakulär als die Ausgrabung des vom Vulkanausbruch verschütteten und mit der Atlantis-Sage in Zusammenhang gebrachten Akrotiri, wird aber dennoch von zahlreichen Touristen besucht.

Die größte Aufmerksamkeit der Besucher ziehen drei Felsen-Reliefs mit der Darstellung von Tieren als Göttersymbolen auf sich. Dabei handelt es sich um einen Adler, der für den obersten Gott Zeus steht, einen Löwen, der den Gott Apollon repräsentiert, und einen Delphin, das Symbol des Meeresgottes Poseidon. Außerdem hat auch der ptolemäische General Artemidoros, der Stifter des heiligen Bezirks, an dessen Umgrenzung die Reliefs zu sehen sind, sich dort mit einem Porträt selbst verherrlicht.

Von den Ruinen des in der Römerzeit umgebauten Theaters fällt der Blick auf das Meer, das man schon in der Antike als Kulisse miteinbezog. Am Eingang des Ausgrabungsgeländes trifft man auf die Kapelle Agios Stephanos, die auf den Fundamenten einer altchristlichen Basilika aus dem 4. Jahrhundert n. Chr. errichtet wurde, welche wiederum bereits den Einzug des christlichen Zeitalters bezeugt.

Das Christentum breitete sich schon früh auf der Insel Thera aus. Die heilige Irene, die 305 n. Chr.

Delphin-Relief in Alt-Thera

wegen ihres Glaubens den Märtyrertod erlitt, wurde später die Schutzheilige und neue Namensgeberin für Thera. In der byzantinischen Zeit (395–1204 n. Chr.) entstanden sehr viele griechisch-orthodoxe Kirchen auf der Insel. Bekanntlich bestimmen Kirchen und Klöster heute noch immer das Erscheinungsbild der Insel, und jedes Jahr wird am 5. Mai das Fest der heiligen Irene gefeiert.

Zur Zeit der Kreuzfahrer kam Santorin (*Sant'Irini*), wie die Insel seit 1204 von diesen genannt wurde, in den Besitz venezianischer Familien. Zum Schutz gegen Feinde, vor allem gegen Seeräuber, wurde nun eine Reihe von Befestigungen und Kastellen – in Oia, Skaros, Pyrgos, Emborio und Akrotiri – angelegt, die heute allerdings mehr oder weniger verfallen sind. Die Bevölkerung litt damals häufig unter den Rivalitäten der italienischen Adelsfamilien und manchmal auch unter der religiösen Bevormundung aufgrund des katholischen Glaubens der Machthaber.

Die Herrschaft der Osmanen (Türken), die um 1540 die Venezianer verdrängten, beseitigte die Seeräuberplage und eröffnete dem Handel neue Entfaltungsmöglichkeiten, brachte aber ähnlich wie vorher die venezianische Zeit auch Formen der Unterdrückung mit sich. Das griechische Nationalgefühl wurde vor allem durch die orthodoxe Kirche aufrechterhalten. Am großen Freiheitskampf der Griechen gegen die Türken (1821–1829) nahm auch Santorin teil. Nachdem Griechenland am Ende dieses Krieges zu einem unabhängigen und selbständigen Staat erklärt wurde (1830), hatte sich auch die politische Zugehörigkeit Santorins entschieden.

Heute ist die griechische Insel stark vom Tourismus geprägt, wobei eine besonders große Faszination von der sogenannten Kykladenarchitektur ausgeht. Die aus einheimischen Materialien gebauten Häuser leuchten meist in klarem Weiß und tragen ein gewölbtes Dach, sei es eine Tonnenform, eine umgedrehte Mulde oder ein Kreuzgewölbe. Die Kuppeln der orthodoxen Kirchen sind häufig blau gestrichen, was einen reizvollen Kontrast zur strahlenden weißen Farbe darstellt. Der Charme der Kykladenarchitektur kommt in ganz besonderem Maße bei den direkt an den Calderahang gebauten Orten Oia, Imerovigliound Fira zur Geltung.

Beim Anblick der heutigen Insel Santorin wird man vielleicht daran erinnert, daß sie von den alten Griechen einst *Kalliste*, „die Schönste", genannt wurde. Der Name taucht in einem Gründungsmythos der Insel auf, der u. a. bei dem Dichter Apollonios Rhodios nachzulesen ist.

Die Argonauten, griechische Helden, die unter der Führung von Iason mit ihrem sagenhaften Schiff „Argo" unterwegs waren, um das Goldene Vlies zu finden, landeten eines Tages, so will es der Mythos, in Libyen, wo sie sich verirrten und wegen widriger Winde auch nicht mehr in die offene See gelangten. Auf Vorschlag des berühmten Sängers Orpheus gingen sie deshalb noch einmal an Land und weihten den Göttern einen Opferdreifuß, um eine glückliche Heimfahrt zu erreichen.

Darauf erschien der Meeresgott Triton: „Ihnen in Menschengestalt begegnete Triton, des Landes weithin herrschender Gott; er hob eine Scholle vom Boden, reichte den Helden sie dar als gastliche Gabe" (aus dieser Erdscholle sollte später Santorin erwachsen) und zeigte ihnen den Ausweg aus der Bucht ins offene Meer. Iasons Begleiter Euphemos „nahm dankbar die Scholle in seine Hände".

Die Argonauten konnten nun weitersegeln und betraten nach einiger Zeit Kreta, nachdem sie dort den Riesen Talos, den Wächter der Insel, besiegt hatten. Bei der Wegfahrt von Kreta schreckte sie plötzlich eine ungewöhnliche Finsternis, und sie beteten zum Gott Apollon, daß er sie aus dem Dunkel befreien möge.

Apollon kam ihnen tatsächlich zu Hilfe, indem er auf „die Melantischen Felsen" (Pacheia) sprang und mit seinem goldenen Bogen die Finsternis erhellte, weil „von der Waffe weithin ein leuchtender Schimmer erglänzte". Die Helden sahen im Schein dieses Lichtes „ein winziges Eiland aus der Zahl der Sporaden, der kleinen Insel Hippuris gegenüber, da warfen sie Anker und hielten, und leuchtend stieg die Frühe empor". Mit dem Eiland, auf dem sie landeten, ist die bei Santorin liegende Insel Anafi gemeint, denn die Argonauten „hießen die steile Insel ‚Erscheinung', *Anaphe*".

Bevor sie das Eiland wieder verließen, träumte Euphemos, daß die Erdscholle, die ihm der Gott Triton geschenkt und die er an seine Brust gelegt hatte, sich dort von Milch genährt und in ein Mädchen verwandelt habe. Dieses bat ihn, wieder ins Meer zurückgegeben zu werden: „So gib mich also den Töchtern des Nereus, daß ich *Anaphe* nah im Meere wohne, und später tauch ich zur Sonne empor, um deinen Enkeln zu dienen."

Als Euphemos Iason den Traum erzählt hatte, wußte dieser ihn zu deuten. Er riet seinem Kameraden, die Erdscholle in die See zu werfen, damit daraus eine fruchtbare Insel entstehen könne, auf der seine Nachfahren später wohnen könnten. Und Euphemos „warf die Scholle, der Götterverkündung sich freuend, tief in das Meer, da erhob sich aus ihm die Insel *Kalliste*".

So entstand also dem Mythos zufolge Santorin, die „schönste" Insel, die sie bis heute geblieben ist – eine Augenweide für jeden Besucher.

SANTORIN HEUTE

Der orthodoxe Glaube

Wohl nur an wenigen Orten sind die Menschen so sehr den Naturgewalten ausgesetzt wie auf Santorin. Doch trotz zahlreicher Vulkanausbrüche im Laufe der Jahrhunderte, trotz schwerer Erdbeben leben weiterhin Menschen auf dieser gefährdeten Insel. Die Touristen bewundern heute vor allem die malerischen Dörfer, die nach dem schweren Erdbeben von 1956 wiederaufgebaut wurden und noch immer hart am Kraterrand liegen. Ob sie sich wohl auch jemals darüber Gedanken machen, welch enormes Gottvertrauen die Einwohner Santorins zu einer solchen Vorgehens- und Lebensweise befähigen muß?

Die Hunderte von Kirchen auf Santorin sind sicher kein Zufall. In ihnen manifestiert sich der unerschütterliche Glaube der Bewohner und ihre Zuversicht für die Gegenwart und Zukunft. Wie ganz Griechenland wird auch die Insel Santorin vom orthodoxen Glauben geprägt.

Der christliche Glaube orthodoxer, d.h. „rechtgläubiger", Ausrichtung hat sich im byzantinischen Zeitalter entwickelt, also auf dem Boden des 395 n.Chr. entstandenen Oströmischen Reiches, dessen Hauptstadt Konstantinopel, das antike Byzanz, bildete. Auch nach dem Untergang des Byzantinischen oder Oströmischen Reiches (1493 mit dem Fall der Stadt Konstantinopel) und während der islamischen Herrschaft der Osmanen (Türken) konnte der Patriarch von Konstantinopel seine Stellung als Oberhaupt der orthodoxen Christen halten. Die orthodoxe Kirche leistete nun einen großen Beitrag zur Bewahrung des Selbstverständnisses und der nationalen Identität der besetzten Völker.

Nach dem Unabhängigkeitskrieg der Griechen gegen die Türken im 19. Jahrhundert, der die Souveränität Griechenlands zur Folge hatte (1830), konnte die orthodoxe Kirche Griechenlands gegründet werden. Nachdem bereits 1833 die griechische Regierung in dieser Richtung vorgeprescht war, verlieh das Patriarchat von Konstantinopel als Mutterkirche der orthodoxen Kirche in Griechenland die sogenannte Autokephalie, d.h. volle Selbständigkeit. Seitdem ist die griechisch-orthodoxe Kirche fest etabliert. Ihr Primas ist der Erzbischof von Athen.

Wie stark die Kirche in der Bevölkerung verankert ist, zeigt die Tatsache, daß auch heute noch 97 Prozent der Griechen dem orthodoxen Glauben angehören. Dabei bedeutet „orthodox" nicht "recht- oder strenggläubig" im Sinne einer Norm, sondern die „richtige Lehre" bezieht sich auf die Feier des Gottesdienstes und damit die richtige Lobpreisung Gottes.

Wer nach Santorin kommt, merkt, daß die Bevölkerung ihren Glauben tatsächlich lebt. Das Dasein der Gläubigen wird von sehr vielen religiösen Anlässen bestimmt, die alle dasselbe Ziel haben: dem Menschen immer wieder die Gnade der Erlösung mitzuteilen und ihn während der jeweiligen Zeremonien in das göttliche Heilsgeschehen einzubeziehen. Vor dem Hintergrund dieses Erlösungsgedankens wird auch verständlich, daß von den vielen kirchlichen Festtagen das Osterfest, das Fest der Auferstehung Christi, der den Tod besiegte, das höchste ist. In jedem Gottesdienst, jeder Feier erlebt der Gläubige die göttliche Gegenwart und erhält Orientierung für seine Lebensführung. Auch jedes wichtige persönliche Ereignis wie Geburt, Heirat, Krankheit und Tod wird von religiösen Handlungen begleitet, die dem Menschen das Heilswerk Christi vermitteln.

Der symbolträchtig ausgestattete Kirchenraum und die feierliche und prunkvolle Liturgie während des Gottesdienstes lassen den Menschen das göttliche Wirken sinnenhaft ergreifen. So kommt z. B. dem Sehen eine große Bedeutung zu. Die vielen bildlichen Darstellungen machen die Geschichte Christi erlebbar, und über der Gemeinde der Gläubigen erhebt sich die Kirchenkuppel mit dem Pantokrator (Allherrscher) Christus. Auch die hohe Verehrung Marias als Mutter Gottes kommt allenthalben zum Ausdruck ebenso wie die der Apostel und der Heiligen. Die zahlreichen Ikonen (griech. „Bilder"), die man in einer griechisch-orthodoxen Kirche antrifft, sind nicht einfach Abbilder von Gestalten, sondern die Verehrung, die der Gläubige der Ikone erweist, geht auf den Dargestellten über und erreicht ihn direkt.

Unterschiedliche Sinne werden angesprochen. Man riecht den Weihrauch, schmeckt bei der Eucharistie Brot und Wein, hört Wort und Gesang. Überhaupt ist der Gläubige in sehr starkem Maße am gottesdienstlichen Geschehen beteiligt, z. B. durch Küssen der Ikonen, Kreuzschlagen, Kniefall, Mitbeten des Glaubensbekenntnisses und häufige Wiederholung von „Kyrie eleison" (Herr, erbarme dich) und „Amen". Wer einmal einen Gottesdienst in einer Kirche Santorins miterlebt hat, spürt, daß dieser Glaube den Bewohnern die nötige Kraft für ihr Leben gibt.

Jesus mit seinen zwölf Jüngern (von Dimitris Kolioussis)

Der Ehrwürdige Metropolit Panteleimon von Thera

Jedes Jahr findet auf Santorin am 9. Juli in der orthodoxen Kathedrale von Fira ein Gedenkgottesdienst anläßlich des verheerenden Erdbebens von 1956 statt. Man dankt Gott für sein Leben. Die Zeremonie leitet der Metropolit von Santorin, unter Mitwirkung sämtlicher Geistlicher der Insel.

Panteleimon Rizos, den die Gläubigen mit dem Vornamen Panteleimon und dem Titel „Ehrwürdiger Metropolit" verehren, wurde, wie er erzählt, 1925 auf der Insel Tinos geboren. Die dortige auf einem Berg liegende Kapelle stellt einen bedeutenden Wallfahrtsort Griechenlands dar, zu dem die Gläubigen auf Knien hinaufpilgern. Panteleimon wollte schon als Kind immer Priester werden und würde diesen Weg auch immer wieder wählen.

Nachdem er auf Tinos die Grundschule und zwei Jahre eine höhere Schule besuchte, ging er auf eine kirchliche Schule in Korinth, die er jedoch wegen des Zweiten Weltkrieges nicht beenden konnte. Nach zwei Jahren Militärdienst lebte er in einem Kloster auf der Kykladeninsel Andros, wo er sich selbst weiterbildete. Auf der Insel Syros fing er seinen Dienst in der Kirche als Diakon an. Dort schloß er auch die höhere Schule ab.

1953 bis 1958 studierte er Theologie an der Universität Athen. Anschließend übte er auf Syros unter dem Titel „Archimandrit" kirchliche Funktionen aus und war zehn Jahre auf zwölf Inseln tätig. 1968 kehrte er nach Athen zurück, wo er im Gebäude des Erzbischofs lebte. In dieser Zeit studierte er sechs Jahre lang erneut an der Universität, und zwar vier Jahre Philosophie und zwei Jahre Archäologie. 1984 wurde er zum Bischof geweiht und ging dann nach Santorin, das er seit fünfzehn Jahren betreut. Als „Despotis" von Santorin ist er für neun Inseln zuständig: Thera, Therasia, Anafi, Ios, Amorgos, Skinoussa, Ieraklia, Kouphonissia und Donoussa. Seine offizielle Anrede lautet: „Ehrwürdiger Metropolit von Thera". Der Titel „Metropolit" kennzeichnet eine bestimmte Verwaltungskompetenz eines Bischofs. Auf Santorin selbst unterstehen ihm zwanzig Priester. Die Amtsräume des Metropoliten befinden sich in unmittelbarer Nähe der orthodoxen Kathedrale von Fira. Nach Aussagen der Bevölkerung setzt sich der Ehrwürdige Metropolit Panteleimon sehr für die Armen ein, und sein Wort hat großes Gewicht.

Als Besucher ist man erstaunt zu hören, daß es weit mehr Kirchen auf Santorin gibt, als die in den Reiseführern angegebene, ohnehin schon ungewöhnlich hohe Zahl von circa 300. Der Ehrwürdige Metropolit Panteleimon spricht von 480 Kirchen und erzählt, daß während seiner Amtszeit allein etwa 150 Kirchen neu gebaut wurden. Viele sind Familienkirchen, denn es ist auch Einzelpersonen möglich, auf ihrem Privatgrund eine Kapelle für einen Heiligen zu errichten, nachdem die Kirche ihre Zustimmung gegeben hat. Die Religiosität der Inselbewohner bestätigt sich also immer wieder von neuem.

O welch eine Tiefe des Reichtums, beides,
der Weisheit und der Erkenntnis Gottes! *Römer 11, 33*

HERR, dein Wort bleibt ewiglich, so weit der Himmel reicht. *Psalm 119, 89*

Die Himmel erzählen die Ehre Gottes. *Psalm 19, 2*

Mühe ist der Preis, um den die Götter alle Güter verkaufen. *Epicharmos*

Unser Leben währt siebzig Jahre, und wenn es hoch kommt, sind es achtzig.
Das Beste daran ist nur Mühsal und Beschwer. *Psalm 90,10*

Es freue sich das Herz derer, die den HERRN suchen. *Psalm 105, 3*

Wenn der HERR nicht das Haus baut,
so arbeiten umsonst, die daran bauen. *Psalm 127, 1*

DIE IKONE – EIN KUNSTWERK UND SEINE HERSTELLUNG

Besonders während eines Bummels durch Santorins Hauptort Fira fällt auf, daß in einer ganzen Reihe von Geschäften neben anderen Gegenständen Ikonen als Sinnbilder des Glaubens verkauft werden. Dabei handelt es sich oft um Massenfabrikationen. Es gibt aber auch einige Geschäfte, in denen man Ikonen von hoher Qualität sehen kann, weil sie noch in geduldiger handwerklicher Arbeit angefertigt wurden. Solche Ikonen sind Kunstwerke, die ihre Liebhaber finden. Im übrigen dürfte sie derjenige besonders zu schätzen wissen, der ihren Sinn erahnt oder gar begreift. Was ist eine Ikone?

Das griechische Wort *eikon* bedeutet „Bild", und mit einer Ikone meint man zunächst einmal das Tafelbild in der orthodoxen Kirche im Gegensatz zu den ebenfalls dort anzutreffenden Wandgemälden. Die Bilder porträtieren Christus, Maria und die Heiligen. Im Kirchenraum sind solche Ikonen in reicher Zahl ausgestellt, und nach einer genau festgelegten Ordnung zieren sie auch die sogenannte Bilderwand (Ikonostase), die den Altarbereich als das Allerheiligste vom Kirchenschiff trennt. Ferner gehören die Ikonen zum Alltag eines orthodoxen Christen und finden sich deshalb im Haus eines jeden Gläubigen.

Der hohe Stellenwert der Bilderverehrung in der orthodoxen Kirche reicht in die Zeit des Byzantinischen Reiches zurück. Sie setzte sich nach dem sogenannten Bilderstreit endgültig durch, als die Synode von Konstantinopel den Bilderkult im Jahr 843 n. Chr. sanktionierte.

Eine Ikone ist nun weitaus mehr als ein Bild mit einem religiösen Thema. Sie unterscheidet sich insofern schon von einem Altarbild westlicher Kirchen, als sich in ihr nicht der Geschmack der jeweiligen Zeit, in der das Bild entstand, offenbart, sondern sich der Ikonenmaler bei ihrer Erschaffung an ein sogenanntes Urbild zu halten hat, das er kopiert. Das Entscheidende jedoch ist, daß der Künstler zusätzlich die schwere Aufgabe hat, das Bild so zu malen, daß aus ihm die göttliche Kraft des Dargestellten wirkt. Er hat dann eine wirkliche Leistung vollbracht, wenn es ihm gelingt, das Unsichtbare hinter dem Sichtbaren zum Ausdruck zu bringen.

Wie wird eine Ikone hergestellt? Grundsätzlich dient speziell präparierte Leinwand als Malgrundlage, die auf zentimeterdickes Holz aufgeklebt wird. Bei kleineren Ikonen klebt man die Leinwand erst nach der Bemalung auf, bei größeren Holztafen wird sie gleich auf altes, trockenes Holz aufgezogen, und man arbeitet an einer Staffelei. Die Auswahl der Holzsorten hängt vom Vorkommen der Baumarten in der Gegend ab. Die Holztafel erhält auf der Vorderseite eine rechteckige Vertiefung zur Aufnahme des Bildes.

Die Vorbereitung der Leinwand, d. h. die Schaffung eines brauchbaren Malgrunds, ist eine Wissenschaft für sich. Hier scheint jeder Künstler sein eigenes Verfahren oder gar Geheimnis zu haben. Er stellt zu diesem Zweck eine besondere Mischung von Pulver und Leim her. Auf dem nach langwierigem Verfahren erhaltenen Weißgrund beginnt dann die Malerei. Zunächst zeichnet man die Umrisse des Motivs, z. B. einer Madonna, mit einem Stift vor, dann wird für den Hintergrund Goldfolie auf den Malgrund geklebt. Man verwendet Goldblättchen von zehn mal zehn Zentimeter Größe, die auf dem bereits angetrockneten Klebstoff fixiert werden. Das Gold ist eine Gabe an Gott und wird immer für den Himmel verwendet, um dessen unendliche Herrlichkeit auszudrükken und gleichzeitig die darzustellende Figur hervorzuheben.

Für das anschließende Malen der Figuren verwendet man Mineralfarben, wobei dem Farbpulver als Bindemittel Eigelb und Essig beigemischt sind. Die einzelnen Malschritte unterliegen festen Regeln: Gesicht, Hände und Füße werden immer zuletzt gemalt, und bei jedem Farbauftrag beginnt man mit den dunklen Farben, denen hellere Schichten aufgelegt werden. Bemerkenswert ist noch, daß eine Ikone erst dadurch heilig wird, daß sie den Namen des oder der Dargestellten trägt, oft auch als Abkürzung. So liest man bestimmte griechische Buchstaben als Abkürzung für „Jesus Christus" oder „Mutter Gottes".

Jedes fertige Gemälde erhält zu seinem Schutz einen Firnisüberzug, der gleichzeitig die Leuchtkraft der Farben erhöht. Woraus sich diese Schicht zusammensetzt – Wachs, Öl, Harz oder andere in der Natur vorkommende Materialien – ist ebenfalls oft ein gehütetes Geheimnis der jeweiligen Ikonenmaler. Nach der Theorie der Ikonenkunst haben die verschiedenen Elemente der Welt ihren Anteil an der Entstehung einer Ikone. So repräsentiert das Holz die Pflanzenwelt, Leim und Ei die Tierwelt und die Farben die Welt der Mineralien. Damit ist die Ikone im Prinzip fertiggestellt. Möchte man noch den Effekt erreichen, daß sie nicht frisch und neu, sondern ehrwürdig-alt wirkt, so wird sie patiniert, d.h. künstlich alt gemacht. Patinierte Ikonen werden in der Regel bevorzugt, vor allem bei Ikonen, die für Kirchen gestimmt sind. Dafür streicht man eine dunkle Paste, meist aus Öl, Farbverdünner und dunklen Farben angerührt, über das gesamte Bild und wischt sie anschließend je nachdem, wie stark man die Patinierung haben möchte, mit einem Stück Baumwolle mehr oder weniger intensiv wieder ab. Nun macht die neu angefertigte Ikone den Eindruck, als wäre sie schon Jahrhunderte alt. Daneben kann man die Krakelierung einsetzen, um das Gemälde älter aussehen zu lassen. Diese Technik ahmt die kleinen Sprünge und haarfeinen Risse nach, die sich bei alten Ikonen im Laufe der Zeit gebildet haben. Die Einzelheiten bleiben das Geheimnis der Künstler, doch wer hierbei nicht vorsichtig ans Werk geht, riskiert den Ruin des Gemäldes.

Die traditionelle Ikonenmalerei hat sich bis heute behauptet. Daß sie sich auf Santorin offensichtlich wachsender Beliebtheit erfreut,

Ikonenanfertigung von Katerina Ioannidou für eine Kirche

zeigt die Tatsache, daß im Sommer 1998 ein ganz auf Ikonen spezialisiertes Geschäft mit dem Namen „Spirit of Byzantium" (Der Geist von Byzanz) im Zentrum von Fira eröffnet. In diesem Laden verkauft der in Elunda auf Kreta geborene Künstler Jannis Xanthakis, der in Athen arbeitet und auch eine Galerie in Patmos besitzt, seine Werke.

Wer allerdings einmal Ikonenmalern auf Santorin vor Ort bei der Arbeit zusehen möchte, sollte in das Atelier von Katerina Ioannidou in Fira oder in die Werkstatt von Dimitris Kolioussis in Oia hereinschauen.

Im Ikonen-Atelier von Katerina Ioannidou

Wer in Fira das Gyzi-Museum besucht, trifft dort in unmittelbarer Nähe auf das Ikonengeschäft der Künstlerin Katerina Ioannidou, die bei ihrer Arbeit als Ikonenmalerin von ihrem Ehemann Georgios Gavras unterstützt wird. Die beiden haben im Kongreßzentrum Megaron Gyzi einen Raum gemietet, wo sie ihre eigenhändig angefertigten Ikonen ausstellen und zum Verkauf anbieten, weil man sie ganz bewußt nicht an Souvenirgeschäfte abgeben will. Beim Eintritt in den Laden kann man die typischen Ikonenmotive betrachten und Katerina und Georgios, die abwechselnd hier arbeiten, beim Malen der Ikonen zusehen. Ihre eigentliche Werkstatt befindet sich dagegen in Emborio.

Vor fünf Jahren hatte sich das Paar entschlosssen, der Stadt Athen den Rücken zu kehren und für sich und ihre beiden Kinder auf der von der Natur und dem Meer geprägten Insel Santorin eine neue Heimat einzurichten. Touristen kaufen ihre Ikonen, aber auch der Bedarf an Ikonen für die vielfach auf Santorin entstehenden Familienkirchen verschafft ihnen Aufträge.

Katerina arbeitet seit fünfzehn Jahren als Ikonenmalerin, ihr Mann Georgios seit acht Jahren. In fließendem Deutsch – seine Sprachkenntnisse erwarb er im Goethe-Institut in Radolfzell am Bodensee – erklärt Georgios voller Bescheidenheit, daß er die Ikonenmalerei von seiner Frau gelernt habe, die die bessere Künstlerin sei. Doch auch er ist mit dem Herzen bei der Sache, versucht, sich zu vervollkommnen, und empfindet Freude daran, immer wieder Neues zu lernen. Die Künstlerin Katerina war, bevor sie die Ikonenmalerei betrieb, als Schauspielerin und Musikerin tätig. Als sie bei einem Bildhauer in Larissa die Malerei erlernte, sagte ihr dieser, ihr Stil sei wie der einer Ikonenmalerin, und riet ihr, sich auf diese Kunstrichtung zu spezialisieren. Inzwischen gibt sie selbst Privatunterricht für Ikonenmaler.

Die Ikonenmalerei ist untrennbar verbunden mit religiöser Einstellung und entsprechenden Gefühlen. Ohne eine solche Grundhaltung, sagt Katerina, würde sie die Arbeit langweilen. Auch wenn ihr Glaube von ihrer griechischen Heimat her einen orthodoxen Ursprung hat, so denkt sie doch, daß es für alle einen Gott gibt und sehr viele Wege zu ihm hinführen. Es ist wichtig, daß man bei der Ikonenmalerei mit sich und Gott im Einklang ist. Nach eigenen Aussagen versucht Katerina bei ihrer Arbeit auch etwas von sich selbst zu finden.

Bekanntlich besteht für einen Ikonenmaler die Pflicht zum Kopieren. So kommt es, daß man in Katerinas Laden unter Umständen dasselbe Motiv mehrmals in verschiedenen Größen und auf unterschiedlichem Holzuntergrund sieht. Die Vorlagen entnimmt sie Kunstbüchern. Da die darin enthaltenen Fotografien von Ikonen nie exakt die Originalfarbe und -gestaltung wiedergeben können, braucht man sehr viel Erfahrung, um bei der Nachahmung eines solchen Vorbildes die richtigen Entscheidungen zu treffen.

Ikone des Christus Pantokrator

Es existieren in der Ikonenmalerei Hauptmotive wie Christus, die Jungfrau Maria oder Johannes der Täufer. Aber auch für die Art der Darstellung, vor allem für die Haltung der gezeichneten Personen, gibt es einen festgelegten Kanon. Beispielsweise wird eine Madonna im Typus „glykophilousa" (süß küssend) in inniger Umarmung Wange an Wange mit dem Jesuskind dargestellt. Madonnenbilder findet man in reichlicher Zahl bei Katerina. Das gleiche gilt für den Ikonentypus des Christus Pantokrator, das am meisten verbreitete Christusbild, das die griechische Aufschrift „ho on" – der Seiende – trägt.

Während Katerina und ihr Mann im Ausstellungsraum in Fira an kleineren Stücken arbeiten, werden in ihrer Werkstatt in Emborio vor allem die größeren Ikonen fertiggestellt, die für die Ausstattung von Kirchen bestimmt sind. Diese Gemälde haben meist die Werke des berühmtesten griechischen Ikonenmalers Theofanis (14./15. Jahrhundert) zum Vorbild.

Ikone der Madonna Glykophilousa

Die Kunden des Geschäfts in Fira kommen aus ganz Europa, Hauptabnehmer der Ikonen sind jedoch Amerikaner. Katerina hatte auch bereits mehrere Ausstellungen in Griechenland sowie eine in Frankreich. Um persönlichen Ruhm geht es ihr dabei allerdings nicht.

Der Ikonenkünstler Dimitris Kolioussis

Ikonen, die eine ungeheure Kraft ausstrahlen, sieht man in der Werkstatt von Dimitris Kolioussis. Sein Verkaufs- und Arbeitsraum, dem er den Namen „Kalliste" gab, liegt mitten in Oia, wird aber leicht übersehen, da man zu ihm einige Treppenstufen hinuntersteigen muß. Wer an diesem Kellerraum vorbeiläuft, versäumt das Werk eines beachtenswerten Künstlers.

Der aus Nordgriechenland stammende Dimitris kam vor fünfzehn Jahren auf die Insel Santorin und lebt mit seiner Familie in Oia. Dort eröffnete er 1985 auch sein Geschäft. Schon als fünf- oder sechsjähriges Kind begann Dimitris zu malen. In seinem Laden hängt zwischen den Ikonen auch das Porträt eines Kindes, seiner Nichte, das er als Sechzehnjähriger gemalt hatte und dessen Ausdruckskraft und Sensibilität für sich sprechen. Seit zwanzig Jahren ist er professioneller Maler, wobei ihm die Kunst der Ikonen am meisten am Herzen liegt. In diesem Bereich arbeitet er zu 90 Prozent direkt für Kunstsammler, zu 10 Prozent für Kirchen (u. a. auch für ein Kloster in Deutschland).

Die byzantinische Kunst, sagt Dimitris, sei sein Leben. Zwar malt er nicht nur Ikonen. Man kann in seiner Werkstatt auch eigene Kompositionen von ihm wie z. B. das Doppelbild zweier Windgötter aus der antiken Mythologie (s. Bilder S. 24/25) bewundern, doch diese Art zu malen betreibt er als „Spiel". Ferner gibt es in seinem Laden eine freie Bibelszenen-Darstellung von Jesus und seinen Jüngern im Seesturm (s. Bild S. 60). Er ist jedoch fest davon überzeugt, daß die byzantinische Malerei es wert ist, als Kunst den Kindern für die Zukunft weitergegeben zu werden, wie er grundsätzlich alle Arten von Kunst, z. B. auch die afrikanische, für wertvoll erachtet. Ebenso spricht er von einem wunderbaren Schatz aller Religionen, wobei Gott hier in Griechenland das orthodoxe Gesicht trage.

Die byzantinische Kunst sei für einen westlich geprägten Menschen oft schwer zu verstehen, weil sie nicht logisch, sondern symbolisch sei. Im Vergleich mit einem Madonnenbild des italienischen Renaissancekünstlers Raffael, an dem in erster Linie die realistische menschliche Darstellung und die Schönheit fasziniere, habe z. B. eine Madonnen-Ikone die Idee der Madonna als Mutter Gottes und Mutter allen Lebens auszudrücken, und das Göttliche müsse zum Vorschein kommen. Die Kunst der Ikonen erfordere eine solch unglaubliche Kraft, daß kein Künstler dies alleine für sich hätte bewältigen können. Und die Ikonenmalerei sei die Kunst des Herzens.

Dimitris' Einstellung spiegelt sich unzweifelhaft in seinen Bildern wider. Sie zeugen davon, daß er viel von seiner Persönlichkeit hineingegeben hat. Er kopiert zum einen Ikonen genau nach der Originalvorlage, bei anderen Bildern wiederum fühlt er sich frei, gewisse Dinge zu variieren, wobei aber das

Ikone des Heiligen Antonius

Grundsätzliche der byzantinischen Malerei erhalten bleibt.

Das Erstaunliche ist, daß gerade auch bei den gewissenhaft nach Vorlage geschaffenen Bildern Dimitris' persönliches Künstlertum zum Ausdruck kommt und dennoch gleichzeitig der Überlieferung exakt und ohne die geringste Abweichung Rechnung getragen ist. Vielleicht liegt das Geheimnis seiner Ikonen in dieser Zweideutigkeit begründet. Eine solche Arbeit stellt die abgebildete Ikone des Heiligen Antonius, die Kopie eines Werkes aus dem 16. Jahrhundert, dar.

Von einer ebenfalls hier gezeigten „freien" Darstellung Johannes des Täufers sagt Dimitris, sie sei – und dies kann man im doppelten Sinn verstehen – „vollständig seine".

Dimitris stellt fast durchweg große Ikonen her. Das Holz spielt eine wichtige Rolle für ihn, ja er sammelt mit Vorliebe alte Türen und Fensterläden, die er mit seinen religiösen Bildern versieht. Mitunter bleiben sogar die Riegel auf dem Brett. Eine alte, fast schäbige Holztür, versehen mit einem Heiligenbild, ergibt einen faszinierenden Gesamteindruck. Seine Bilder strahlen Urtümlichkeit und Kraft aus.

Was die Ikonen-Motive angeht, so sind sie Dimitris alle gleich viel wert. Das Malen von Christus sei jedoch die härteste Arbeit, die am meisten Kraft koste. Die Schwierigkeit bestehe darin, daß das Gesicht zwar ein menschliches sei, aber das Göttliche in es hineinkommen und von innen scheinen müsse. Wie ernst und aufrichtig er die Ikonenmalerei betreibt, zeigt seine Aussage, daß man sich äußerst glücklich schätzen müsse, wenn einem im Leben einige wenige oder gar nur eine Christusdarstellung gelungen sei.

Ikone Johannes des Täufers

Dein ist der Tag und dein ist die Nacht;
du hast Gestirnen und Sonne die Bahn gegeben. *Psalm 74,16*

Fahre hinaus, wo es tief ist, und werft eure Netze zum Fang aus. *Lukas 5, 4*

Wer möchte nicht gern gut leben und schöne Tage sehen? *Psalm 34, 13*

Befiehl dem HERRN deine Wege und hoffe auf ihn. *Psalm 37, 5*

Der Pfad der Gerechten glänzt wie das Licht am Morgen,
das immer heller leuchtet bis zum vollen Tag. *Sprüche 4, 18*

Das Glück ist verschwenderisch, aber unbeständig. *Demokrit*

Griechenland besitzt bei weitem die schönste Mischung der Jahreszeiten. *Herodot*

DIE KYKLADENINSEL SANTORIN, DAS ELDORADO DER AQUARELLMALER

Wer die Insel Santorin besucht und dort zu Fuß unterwegs ist, trifft beständig auf Menschen, die irgendwo im Freien sitzen, auf Häuser, Landschaft oder Meer starren und das, was sie sehen, mit Skizzenblock und Bleistift oder Malbrett und Farben festzuhalten versuchen. Nirgendwo sonst scheinen so viele Maler am Werk zu sein wie auf Santorin. Viele Reiseveranstalter werben damit, daß man hier die schönsten Motive finde, und führen Zeichen- und Malkurse auf der Insel durch. Doch auch die professionellen Maler pilgern nach Santorin, weil sie hier ideale Bedingungen vorfinden. Das Licht und die Farben der Insel üben eine enorme Anziehungskraft aus.

Wer malt, bringt Farbe auf eine Fläche. Doch welche Farben und auf welche Art? Jeder Eindruck, den man von etwas Farbigem erhält, ist abhängig vom jeweiligen Licht. Daß sich die Farben beispielsweise im Licht der auf- oder untergehenden Sonne oder im Mondschein verändern, ist jedem bekannt. Die Beleuchtung ist grundsätzlich immer von Bedeutung. Es hängt also von den jeweiligen Lichtverhältnissen ab, wie ein Maler das zu Malende empfindet, und andererseits stehen ihm verschiedene Möglichkeiten zur Verfügung, wie er seine Eindrücke auf das Papier oder einen sonstigen Malgrund bringt.

Angesichts der interessanten Motive auf Santorin und der besonderen Lichtverhältnisse in der Ägäis verwundert es nun nicht, daß die Insel Santorin das Eldorado besonders der Aquarellmaler darstellt, spielt doch bei dieser Malerei mit wasserlöslichen Farben („Aquarell" leitet sich vom lateinischen Wort für Wasser, *aqua*, ab) das Licht eine ganz große Rolle.

Denn im Unterschied zur Arbeit mit Deckfarben kommt das Wesentliche der Malerei mit Aquarellfarben darin zum Ausdruck, daß der Untergrund bzw. schon bestehende Farbschichten durch die aufgetragenen Farben durchscheinen. Auf dieser Transparenz, Durchsichtigkeit, beruht die Wirkung eines Aquarells. Vielleicht könnte man sogar sagen, daß sich beim Malen mit deckenden Farben das jeweilige Licht in der Farbe ausdrückt, während sich bei der Aquarellmalerei die Farbe auf geheimnisvolle Weise in Licht verwandelt.

Auf das Sehen, die Vision kommt es an. Dies gilt für die Eindrücke des Malers ebenso wie für die Art und Weise, wie er ihnen Ausdruck gibt. Im einmaligen Licht der Ägäis bieten nun die im wahrsten Sinne des Wortes „malerischen" Dörfer Santorins, die interessante Inselarchitektur, die dramatische Landschaft und der aufregende Blick in die Caldera eine Fülle von Motiven, die sowohl von Hobby- als auch von Berufsmalern sehr geschätzt werden.

Christoforos Assimis, der bedeutendste einheimische Inselmaler

Am 11. Juli 1998 stattete der griechische Staatspräsident Konstantinos Stefanopoulos zum ersten Mal der Insel Santorin einen offiziellen Besuch ab, bei dem ihm die Ehrenbürgerschaft Santorins verliehen wurde. Im Rahmen der Feierlichkeiten bekam er ein Aquarell-Bild des Santoriner Malers Christoforos Assimis als Geschenk überreicht. Jedoch nicht nur aus diesem Grund kann man Christoforos Assimis als den bedeutendsten einheimischen Inselmaler bezeichnen.

Christoforos ist ein Maler, bei dem man das vorfindet, was man von einem hervorragenden Aquarellmaler erwartet. Bei seinen Bildern spürt man eine poetische Kraft und erkennt sofort, daß Aquarellmalen etwas mit Träumen und Visionen zu tun hat. Seit seiner Kindheit besitzt er eine große Sensibilität für die Schönheit Santorins, und es war ihm immer schon bewußt, welch eine Kostbarkeit die Insel darstellt. Um seinen Empfindungen Ausdruck zu verleihen und auch, um mit seinen Bildern etwas zu bewirken, wurde er Maler.

Er ist der einzige der professionell auf Santorin arbeitenden Aquarellmaler, der auf der Insel geboren wurde. 1945 kam er in Exo Gonia zur Welt; als er drei Jahre alt war, zog die Familie nach Fira. Wie viele Menschen verließ seine Familie nach dem schweren Erdbeben von 1956 die Insel und lebte in Athen.

Dieses Erdbeben hatte er als Elfjähriger erlebt. Es begann am 9. Juli am Morgen um 5.30 Uhr. Die Zahl der Todesopfer war deshalb so hoch, weil die meisten Menschen zu diesem Zeitpunkt noch schliefen und viele sich nicht schnell genug in Sicherheit bringen konnten. Christoforos erinnert sich daran, wie sein Vater ihn und seine beiden Schwestern nach draußen rief. Das Haus wurde völlig zerstört, aber zum Glück hatte man es rechtzeitig verlassen können.

1967 gewann Christoforos den ersten Preis eines nationalen Wettbewerbs für junge Künstler. Seinen Studienabschluß an der Universität Athen (1970) machte er in zwei Kunstrichtungen, die wegweisend für seine spätere künstlerische Laufbahn waren: Religiöse Malerei (byzantinische Kunst) und Landschaftsmalerei.

Danach arbeitete er jeweils acht bis neun Monate im Jahr auf der Insel Santorin, und seit 1974 lebt er hier. Er richtete sich ein Atelier ein und konnte 1982 in Fira sein eigenes Geschäft, die Kunstgalerie „Palia Fabrika" (Alte Werkstatt) eröffnen, in der er seine Bilder, aber auch die Kunstwerke seiner Ehefrau Eleni Kolaitou-Assimis, einer bedeutenden Bildhauerin, ausstellt und verkauft. Ihre plastischen Werke aus Keramik sowie subtile Metallarbeiten und origineller Schmuck besitzen ihren speziellen Reiz und finden bei den Kunden aus aller Welt ebenfalls große Beachtung. Beide konnten ihre Arbeiten schon in einer ganzen Reihe bedeutender Ausstellungen im In- und Ausland präsentieren.

Christoforos hatte schon als Kind großes Interesse am Malen. Er erinnert sich noch heute, wie schwierig es war, entsprechendes Material zu erhalten, und welche Freude er empfand, als er einmal Malutensilien bekam. Heute kann der Besucher Santorins im zentral gelegenen Laden Christoforos' Aquarelle bewundern, die eine Liebeserklärung an die Insel Santorin darstellen. Einfühlsam hat er die besonderen Lichtstimmungen der Insel wahrgenommen und in seinen Bildern eingefangen.

Aquarell von Christoforos Assimis

Der Kontrast zwischen dem Weiß der Häuser und dem dunklen Vulkan hat seiner Meinung nach einen großen Anteil an dem unvergleichlichen Licht Santorins. Die Landschaft und die Inselarchitektur stehen im Zentrum seiner Arbeit. Die traditionellen Häuser, die runden Kuppeln, das Relief der Mauern im Spiel von Licht und Schatten faszinieren ihn besonders. Mal erscheinen seine Motive eher realistisch, mal eher impressionistisch, mal in klarem, mal in eher diffusem Licht, aber immer bleibt der ihm eigene Stil erkennbar.

Christoforos ist nicht nur Aquarellmaler, sondern auch ein bedeutender Ikonen- und Kirchenmaler.

Etwa ein Jahrzehnt lang befaßte er sich sogar fast ausschließlich mit religiösen Arbeiten. Seine größte Leistung auf dem Gebiet der Kirchenmalerei war und ist die Ausgestaltung der orthodoxen Kathedrale in Fira, die sich in unmittelbarer Nähe seines Geschäfts befindet. Die ursprüngliche Kirche war 1956 vom Erdbeben zerstört worden und wurde später im klassischen byzantinischen Stil wiederaufgebaut. Seit mehr als fünfzehn Jahren arbeitet Christoforos nun an der Bemalung der Innenwände, jedes Jahr kommt wieder ein neues Stück hinzu. Die riesigen Gemälde wurden mit Acrylfarben auf die weißen Wände aufgetragen. An der Kuppel arbeitete Christoforos etwa ein halbes Jahr, unter Einsatz eines Gerüsts. Erstaunlicherweise bewältigt er die Arbeit ganz alleine.

Die intensive Beschäftigung mit der religiösen Malerei dürfte wohl auch in Christoforos' Aquarellbilder eingeflossen sein. Sein Herz gehört Santorin, und von besonderer Bedeutung sind für ihn die Erinnerungen an die Zeit vor dem Erdbeben von 1956, die er wie einen kostbaren Schatz bewahrt hat und in seine Bilder einbringt.

Aquarell von Christoforos Assimis

Nach dem Santoriner Erdbeben wurden die Orte rasch wiederaufgebaut, und es wurden sogar neue Siedlungen geschaffen. Den damit einhergehenden Aufschwung des Tourismus betrachtet Christoforos mit Skepsis, weil erst dadurch viel von der alten Kultur und der traditionellen Bauweise verschwand. Mit besonders großem Bedauern sieht er die vielfach seit dem Erdbeben überall auf der Insel begangenen Bausünden. Mit seinen Aquarellen versucht er nicht zuletzt, den wahren Charakter der Insel aufzuzeigen und zu bewahren. Es ist ihm ein großes Anliegen, die Natur und Kultur der Insel zu erhalten und Menschen dafür zu gewinnen, sich diesem Ziel anzuschließen.

Schwerpunktmäßig versucht er, Kinder und Jugendliche zu erreichen, in deren Händen die Zukunft der Insel liegt. Aus diesem Grund ist er Vorsitzender der örtlichen „Gesellschaft für Umweltschutz und Lebensqualität", kurz FIVOS genannt. Er organisiert dort Projekte für Schulklassen und erteilt auch selbst Unterricht über traditionelle Inselarchitektur.

Kunstverständnis und kulturelle Lebensqualität sollen als ein Gegengewicht zu dem rein kommerziellen Tourismus fungieren. Folgerichtig engagiert sich Christoforos zusätzlich auch noch unermüdlich und verdienstvoll im Bellonio-Kulturzentrum von Fira, wie die Direktorin Sofia Thanopoulou zu berichten weiß.

Wenn man Christoforos kennenlernt, begegnet man einem humorvollen und äußerst bescheidenen Menschen, der sich mit aller Kraft für die Insel Santorin einsetzt. An einer Wand des Bellonio-Kulturzentrums hängt ein Gedicht des griechischen Nobelpreisträgers Odysseas Elytis, das er der Insel Santorin gewidmet hat. Was das Gedicht zum Ausdruck bringt, gilt auch für die Werke von Christoforos: Auch sie sind alle eine „Ode an Santorin".

DIE IMMERWÄHRENDE FASZINATION DER FRESKEN

Im Repliken-Studio von Aspasia Vovola und Dimitris Bellos

Die Ausgrabung der vom bronzezeitlichen Vulkanausbruch verschütteten Stadt Akrotiri ist immer noch im Gange. Von den berühmten Wandmalereien hat man inzwischen bereits die beachtliche Zahl von ca. 180 Meter gefunden und sichergestellt. Zwar sind die Originale im Nationalmuseum von Athen untergebracht, das sie unter Hinweis auf das erdbebengefährdete Santorin ungern dem Archäologischen Museum von Fira überlassen möchte, doch begegnen einem die Hauptthemen der Fresken überall auf der Insel. Viele Geschäfte oder Gasthäuser bedienen sich der bekannten Motive, sei es auf Souvenirs oder für irgendwelche Werbezwecke. Zur Zeit scheint ein „Fischer" das beliebteste Motiv zu sein.

Vom Mai bis Oktober 1998 konnte man im Petros-M.-Nomikos-Konferenzzentrum von Fira eine von der Thera-Stiftung organisierte Ausstellung besuchen, bei der die Nachbildungen der wichtigsten Wandmalereien von Akrotiri in Originalgröße zu sehen waren – ein beeindruckendes Erlebnis. Die ausgegrabenen Fresken von Akrotiri haben nichts von ihrer Faszination verloren, sondern gewinnen im Gegenteil immer mehr Liebhaber. Dies hat dazu geführt, daß sich in den letzten Jahren vereinzelt Geschäfte auf Santorin etablieren konnten, die den Kunden möglichst exakte Repliken (Kopien) der berühmten Fresken anbieten.

Ein Atelier, in dem Repliken von hoher handwerklicher und künstlerischer Qualität hergestellt werden, ist das „Akron-Studio" des Künstlerehepaares Aspasia Vovola und Dimitris Bellos in Megalochori. Hier findet man einerseits Keramikprodukte, die die beiden Künstler nach Originalvorlage bemalen, ihre Hauptarbeit besteht jedoch in der vollständigen Herstellung von Repliken der Wandmalereien von Akrotiri, und zwar mit der traditionellen Technik. Da sie die Kopien mit ihrer eigenen Signatur versehen, handelt es sich keineswegs um Fälschungen, sondern um spezielle Kunstwerke.

Aspasia und Dimitris lernten sich beim Studium an der Schule der Schönen Künste in Athen kennen, kamen 1994 auf die Insel Santorin und eröffneten hier ihren Kunstladen, dem sie den Namen „Akron" – das Äußerste, der Gipfel – gaben, weil sie besonders schöne Werke

Fresko der blauen Affen

schaffen wollen. Daß ihnen dies gelingt, steht außer Zweifel.

Sowohl Dimitris als auch Aspasia haben eine gründliche und vielseitige künstlerische Ausbildung absolviert. Dimitris ist gelernter Maler und Restaurator. Er lebte zeitweise in Rom, wo er im Vatikan die Herstellung und Restaurierung von Mosaiken erlernte. Seit er auf Santorin arbeitet, kommt er allerdings kaum mehr dazu, sich mit Mosaiken zu beschäftigen, weil ihn die Arbeit an den Keramiken und den Wandmalereien so sehr in Anspruch nimmt. Aspasia studierte in Athen Malerei und Bühnen- und Kostüm-Design, ferner Malerei an der Schule der Schönen Künste in Dijon in Frankreich, von wo aus sie 1988 nach Griechenland zurückkehrte.

Seitdem hat sie sich auf die Wandmalerei von der Antike bis heute mit ihrer jeweiligen Materialverwendung und Technik spezialisiert. Dieser Kunstform gehörte schon immer ihre Vorliebe. Seit 1989 arbeitet sie nun an der Reproduktion von Wandgemälden, z. B. denen von Pompeji, insbesondere aber stellt sie Repliken der Fresken von Akrotiri her, die sie besonders faszinieren.

Aspasia und Dimitris arbeiten gemeinsam an den Repliken, sie als Malerin, er als Restaurator. Etwa zwanzig bis fünfundzwanzig Stück entstehen in zeitintensiver Arbeit pro Jahr. Man verwendet in der traditionellen Weise Mineralfarben, Sand, Leim und andere natürliche Substanzen. Die Motive der Akrotiri-Fresken werden immer in Originalgröße abgebildet, sei es, daß man sie als Ganzes malt oder ein Detail daraus übernimmt.

Erster Schritt in der Herstellung einer Replik ist die Präparierung der Leinwand, eine Aufgabe, die Dimitris ausführt. Auf dem vorbereiteten Malgrund zeichnet dann Aspasia die darzustellenden Motive vor, der schwierigste Teil ihrer Arbeit, wie sie sagt. Anschließend trägt sie die Farben auf. Zwar ist der Malgrund insgesamt trocken, Aspasia macht aber jeweils das zu bemalende Stück vor dem Auftragen der Farben naß. Damit kann sie sich das Bemalen der großen Fläche einteilen.

Die fertigen Gemälde von Aspasia zieht ihr Mann Dimitris anschließend auf Holz auf (was sie gegen Feuchtigkeit schützt) und beginnt mit der Restaurierung. Seine Aufgabe besteht nun darin, die Malereien so aussehen zu lassen, wie diejenigen, die man in Akrotiri ausgegraben hat, d. h. auch das Fehlen von Stücken eines Gemäldes und der Erhaltungszustand wird exakt nachgeahmt. Am Ende erhält das zu verkaufende Gemälde zum Schutz gegen klimatische Einflüsse einen Firnisüberzug – eine sinnvolle Sache, schon allein angesichts des weltweiten Versands der Repliken.

Aspasias und Dimitris' Wandmalereien schmücken nämlich Privathäuser, Hotelhallen und Firmen-

Fresko der boxenden Knaben

gebäude auf der ganzen Welt. Solche Aufträge erhalten sie oft schon ein Jahr im voraus. Ihre Kunden sind zu 98 Prozent Nord- und Südamerikaner, die meisten davon aus USA, die restlichen zwei Prozent machen Franzosen und Deutsche aus. Auch Galerien in Dublin und im brasilianischen Sao Paulo besitzen ihre Werke. Es ist geplant, eine Reihe von großen Repliken, die das Santoriner Künstlerpaar inzwischen angefertigt und verkauft hat, als Exponate bei Ausstellungen im New Yorker Stadtteil Manhattan und in Toronto der Öffentlichkeit zu präsentieren.

Bei all ihren Aktivitäten legen Aspasia und Dimitris großen Wert auf Seriosität. Wie sie die Farben und sonstigen Materialien selbst herstellen und auch die Verpackung der bestellten Repliken alleine vornehmen, so möchten sie grundsätzlich über alle Vorgänge die absolute Kontrolle behalten und schlagen im Zweifelsfall Aufträge aus.

Zum hohen Anspruch, den man verfolgt, gehört auch, daß die Malerin Aspasia, die im Studio in Megalochori nach Bildvorlagen aus Büchern arbeitet, jedes Mal, wenn sie sich in Athen aufhält, das Nationalmuseum aufsucht, um die Original-Fresken immer wieder aufs Neue zu studieren. Natürlich hat auch sie, nicht nur die Archäologen, sich bei ihrer langjährigen Beschäftigung mit den Gemälden damit auseinandergesetzt, wie die einzelnen Motive zu verstehen sind. Im Gespräch mit ihr gewinnt man viele Einsichten über die Akrotiri-Wandmalereien.

So erfährt man beispielsweise, daß die auffallenden kahlrasierten Köpfe von abgebildeten Personen stets junge Menschen kennzeichnen und die blaue Einfärbung von Köpfen etwas ganz Einmaliges ist, was man sonst noch bei keinen Wandmalereien, nicht einmal auf Kreta, gefunden hat. Ferner sieht man bei den Akrotiri-Fresken niemals die Farbe Grün, und selbst die Pflanzen sind blau gezeichnet.

Eine interessante These hat Aspasia für das in der Deutung äußerst umstrittene „Frauenfresko" (s. Bild S. 6) parat. Die sonst als Opferdarbietung oder Bekleidungszeremonie interpretierte Szene hält sie für einen Tanz, was die Vorwärtsbewegung bzw. vorgebeugte Haltung der Frauen erklären würde – eine sehr sinnvolle Deutung. Die wunderschönen Fresken von Akrotiri sind und bleiben also weiterhin ein unerschöpfliches Thema.

Muse, sage mir die Werke der goldenen Aphrodite…, süßes Verlangen weckt
sie den Göttern, überwältigt der sterblichen Menschen Geschlechter. *Homerischer Hymnos*

Sei maßvoll im Glück, im Unglück besonnen. *Periander*

Die Quelle der Gemütsruhe liegt in uns selbst. *Plutarch*

Doch jetzt ... bringen sie (die Menschen) leicht ihre Zeit dahin bis zum Ende des Jahres,
Leben in Ruhe und Frieden in ihren eigenen Häusern. *Homerischer Hymnos*

Die Wasserwogen im Meer sind groß und brausen mächtig;
der HERR aber ist noch größer in der Höhe. *Psalm 93, 4*

Der eine freut sich an diesem, der andere an jenem. *Homer*

Das Leben ohne Feste ist ein langer Weg ohne Gasthäuser. *Demokrit*

SANTORIN UND DER WEIN

Bekanntlich ist das sonnige Griechenland ein klassisches Land des Weinbaus. Santorin nun kann auf eine jahrtausendealte Geschichte des Weines zurückblicken. Bereits in prähistorischer Zeit wurde der Rebensaft getrunken. Heute nimmt der Weinanbau im Vergleich mit den auf der Insel anzutreffenden Gemüsekulturen wie Tomaten und Fava-Erbsen die erste Stelle ein. Doch obwohl Santorin aufgrund des Vulkanbodens und der Sonneneinstrahlung mit zahlreichen Weinfeldern übersät ist, kann es hin und wieder Touristen geben, die die Weinstöcke glatt übersehen, weil sie sie als solche gar nicht erkennen.

Auf Santorin wachsen die Weinstöcke nämlich nicht in die Höhe, sondern liegen auf ganz besondere Weise gezogen wie verschlungene Kränze oder Nester auf den Feldern. Natürlich hat das Vorgehen der Weinbauern, die Weinstöcke möglichst nahe am Boden zu halten, seinen Sinn, denn dadurch werden die Reben vor rauhen Witterungsbedingungen am besten geschützt. Bekanntlich scheint ja auf Santorin nicht nur die Sonne, sondern herrscht meist auch ein starker Wind. Die Weinernte findet immer im August statt.

Weinpresse im Weinmuseum in Vothonas

Bei einer Reihe von großen Keltereien ist der Tourist zur Weinprobe eingeladen. So hat z. B. Costas Antoniou in Megalochori aus einer alten verfallenen Weinkelterei aus dem Jahr 1947 ein Museum gemacht und moderne Räumlichkeiten für Ausstellungen, Konzerte und Weinproben angegliedert. Hier oberhalb des Hafens von Athinios kann man sich gut vorstellen, wie der fertige Wein früher in 950 Meter lange Schläuche gefüllt wurde und so die Calderawand hinunter zu den Schiffen gelangte, die ihn nach ganz Europa brachten.

Wer sich speziell für die Weinherstellung früherer Jahrhunderte interessiert, sei auf das Weinmuseum in Vothonas hingewiesen, wo er in den Gewölben eines Weinkellers von 1880 alte Geräte besichtigen kann. Heute arbeitet die das Museum unterhaltende Weinkelterei Koutsoyanopoulos, die neben dem Museum ihren Weinausschank hat, allerdings mit modernen Einrichtungen. Touristisch ausgerichtete Weinproben bieten auch die großen Keltereien Boutari in Megalochori und Santo Wines in Fira. Eine romantische kleine Schenke findet man jedoch bei der *Canava Roussos*, einer Weinkellerei, die aus vielerlei Gründen eine besondere Erwähnung wert ist.

In der *Canava Roussos*, der ältesten Weinkellerei Santorins

Beim Weindörfchen Messa Gonia liegt die älteste Weinkellerei der Insel Santorin, die sich noch in Betrieb befindet. Die *Canava Roussos* existiert seit 1836, und wer ihr einen Besuch abstattet, kann noch die Atmosphäre von Tradition und Ursprünglichkeit spüren.

Über viele Generationen hat hier die Familie Roussos ihren Wein angebaut und hergestellt und ihre Winzerkunst an die jeweils nächste Generation weitergegeben. Obwohl man dem Fortschritt gegenüber nicht verschlossen ist und seit den 1980er Jahren auch noch eine modernere Weinanlage besitzt, legt der jetzige Besitzer Ioannis Roussos doch großen Wert darauf, die alten Traditionen im richtigen Sinne fortzusetzen und zu bewahren. Nicht zuletzt aus diesem Grund wird es die *Canava* hier wohl auch in Zukunft noch geben.

Im Gegensatz zum Wort *cava* („Keller"), das zunächst einmal nur den Keller als Vorratsraum bedeutet, bezeichnet eine *Canava* ein Gut, in dem ein Produkt wie Wein auch hergestellt wird. Es empfiehlt sich nicht nur, in der gemütlichen Schenke der *Canava Roussos* die diversen Weinsorten zu probieren, sondern auch einmal die alten Kellerräume zu betreten, weil man hier doch auf einige Besonderheiten stößt.

Hier liegen unter anderem zwei uralte, rund 160 Jahre alte, Weinfässer aus Rußland. Der Gründer der Weinkellerei hatte nämlich zur damaligen Zeit auf der Halbinsel Krim gearbeitet und einen Teil seines Lohnes dafür eingesetzt, um die Fässer 1836 nach Santorin bringen zu können. Damit begann die Geschichte der *Canava*.

An den Kellerwänden hängen schwere Eisenketten, bei denen sich der Besucher zunächst fragt, was sie mit der Weinherstellung zu tun haben. Man ist verblüfft zu erfahren, daß sie zum Reinigen der Fässer dienen. Während z. B. in Süddeutschland die alten Weinfässer vorne Türchen haben, damit der Winzer hineinkriechen kann, um die Fässer von Zeit zu Zeit zu säubern, sind hier auf Santorin Spezialisten am Werk, die mit gekonnten Bewegungen der in die Fässer hineingelassenen Ketten die Innenwände reinigen.

In der Kellerei gibt es für die Herstellung von Rot- und Weißwein je einen durch eine gemauerte Schwelle begrenzten Lagerungsplatz für die geernteten Trauben. Die roten Trauben läßt man vor dem Pressen vier bis fünf Tage liegen, damit der Saft die Farbe der Schalen annimmt. Eine 600 Jahre alte, ganz aus Holz bestehende Weinpresse, *magani* genannt, fällt ins Auge. Mit dieser wuchtigen Presse mit den zwei großen hölzernen Gewinden – Eisenteile würden Rost ansetzen – preßt man die Trauben von Hand aus. Der Saft fließt dann durch ein spezielles Filtersystem in eine Art Brunnen, wo er aufgefangen wird.

Etwas ganz Besonderes ist die Herstellung des Weines *Nikteri*, eines Weißweines, bei dem die Trauben nachts gepreßt werden. Im August sind die Touristen dazu eingeladen, dabeizusein, wenn in der *Canava Roussos* auf die alte traditionelle Weise die Trauben mit den Füßen gestampft werden. Im Weinkeller hängen Fotografien von Menschen in sommerlicher Bekleidung, denen das Herumtreten in der Maische offensichtlich großes Vergnügen bereitet.

In der *Canava Roussos* wird nicht nur Wein hergestellt. In besonderen Räumen können Traubenschalen zu Tresterschnaps verarbeitet werden. Hier hat man außerdem früher Tomaten ausgepreßt, denn bis Mit-

te der 1960er Jahre gehörte auch die Gewinnung von Tomatensaft zu den Aktivitäten der *Canava.* Durch das Aufkommen von Tomatensaftfabriken auf Santorin mußte dieser Erwerbszweig allerdings aufgegeben werden.

Wie erwähnt, widmet sich die *Canava Roussos* seit 1836 dem Weinanbau und der Weinherstellung. Die heutigen *Canava*-Angehörigen weisen sicher zu Recht darauf hin, daß stets eine Reihe von Menschen gute Arbeit leistete und somit zum Erfolg beitrug, seien es z.B. die Korbflechter, die Faßhersteller, die Weinbauern oder die Fuhrleute. Das Entscheidende ist wohl, und das spürt man im Gespräch mit dem heutigen Chef Ioannis Roussos (s. Bild), daß man immer mit dem Herzen dabei war und ist.

Heute werden dem Weinliebhaber in der *Canava* sieben verschiedene Weine zum Probieren angeboten: trockene Weißweine, wie der berühmte Nachtwein *Nikteri*, trockene oder halbsüße Rosé- und Rotweine, z.T. aus in der Sonne getrockneten Trauben hergestellt, ferner ein roter Apéritif-Wein, den man wegen seiner Süße auch „Wein der Liebe" nennt und noch ein spezieller Wein, *Nama*, dem als Meßwein der orthodoxen Kirche eine besondere Bedeutung zukommt.

Jede Weinherstellung ist eine Wissenschaft für sich, wie auch jeder Wein seinen eigenen Charakter hat, der von den jeweiligen Bedingungen seines Umfeldes abhängt. Die Geheimnisse der Winzerkunst sind innerhalb der Familie Roussos immer vom Vater an den Sohn weitergegeben worden. Obwohl es auf Santorin viele Weinkellereien gibt, ist die *Canava Roussos* definitiv die älteste, auch wenn sich andere gern mit diesem Titel schmücken möchten. Überhaupt arbeiten nur noch wenige Winzer nach altem Brauch. Die Familie Roussos stört nicht, daß mancher sie vielleicht wegen der starken Verwurzelung in den alten Traditionen als Träumer bezeichnen könnte, im Gegenteil. Und ihre Überzeugung, daß es ohne Vergangenheit keine Zukunft geben könne, ist auf jeden Fall richtig. Dies zeigt nicht zuletzt die Tatsache, daß vor sechs Jahren sogar sechzig Weinexperten aus verschiedenen Ländern bei Ioannis Roussos zu Gast waren und insbesondere drei deutsche Weinbauern von seiner Art der Weinherstellung so beeindruckt waren, daß sie einige Verfahrensweisen für ihre hochmodernen Anlagen übernahmen.

Die Familie Roussos ist stolz auf ihren oft fünfzehn oder zwanzig Jahre alten Wein und zeigt sich auf sympathische Weise traditionsbewußt. Der Weinbauer, der 1836 die Kellerei gegründet hatte, trug bereits den Namen Ioannis Roussos. Ein Holzbild über der Theke des Weinausschanks hält das Andenken an Spiros Ioannis Roussos, den Vater des jetzigen Kellereibesitzers in Ehren. Dessen zwölfjähriger Sohn heißt ebenfalls Spiros und ist bereits fest entschlossen, als Winzer die Familientradition fortzusetzen.

DAS LEBEN MIT DEN NATURGEWALTEN

Die jüngsten Naturkatastrophen

Fast jeder Besucher Santorins unternimmt einmal eine Schiffsrundreise in die Caldera, um als Höhepunkt der Tour „den Vulkan" zu besichtigen. Damit ist heute die jüngste der beiden Kameni-Inseln, Nea Kameni, gemeint. Während auf der Insel Paläa Kameni im 19. Jahrhundert zum letzten Mal Lava ausfloß, machte Nea Kameni auch noch im 20. Jahrhundert immer wieder auf sich aufmerksam und ist längst noch nicht zur Ruhe gekommen. Dies wird dem Besucher klar, wenn er vor dem Georgios-Krater steht, von dem heiße Dämpfe aufsteigen.

Auf dem Weg nach oben kommt man auch am Daphni-Krater vorbei, der bei den Ausbrüchen von 1925/26 und 1928 entstanden ist, also erst in unserem Jahrhundert. Die Eruption von 1925 hat der hier abgebildete Lefteris Roussos, der Pförtner des Klosters Agios Nikolaos bei Imeroviglio, als Augenzeuge noch selbst miterlebt.

Damals stieg an der Küste bei Nea Kameni Dampf auf, und Wasserfontänen erhoben sich aus dem Meer. Auf der Insel selbst baute sich aus Lavaströmen ein Vulkankegel auf. Dieser explodierte, und eine riesige Eruptionssäule stieg gen Himmel. Die Tätigkeit des Vulkans kam bis 1926 nicht zur Ruhe, denn immer wieder gab es Lavastöße und Explosionen. Im Jahr 1928 ereigneten sich erneut mehrere Eruptionen. 1939 bis 1941 brachte sich der Vulkan den Santorinern wieder durch Eruptionen und Lavaausflüsse in Erinnerung. Dabei schwoll der Georgios-Krater, der übrigens bei dem größten Ausbruch der Neuzeit von 1866 bis 1870 entstanden war, mächtig an. 1950 kam es noch einmal zu einer relativ schwachen Eruption innerhalb dieses Kraters. Für die Zukunft ist nicht ausgeschlossen und sogar recht wahrscheinlich, daß auf der Insel Nea Kameni wieder einmal ein Vulkanausbruch stattfinden wird. Es bleibt nur zu hoffen, daß bei drohender Gefahr die modernen Meßgeräte auf der Insel die Menschen rechtzeitig vorwarnen.

Allerdings sagt heute fast jeder Einwohner der Insel Santorin, daß er sich weniger vor einem erneuten Vulkanausbruch als vielmehr vor einem neuen Erdbeben fürchte. Den Schock des katastrophalen Erdbebens von 1956 hat man noch immer nicht überwunden. Damals stürzten Tausende von Häusern auf der ganzen Insel ein, über fünfzig Menschen starben. Bei dem Beben am 9. Juli, das eine Stärke von 7,8 auf der nach oben offenen Richterskala aufwies, wurden innerhalb von einer Minute die am Calderarand liegenden Orte zum großen Teil zerstört.

Am 10. Juli folgten weitere Erdbeben, bei denen ganze Stücke der Calderawand abbrachen und ins Meer stürzten. Auch wenn bald danach aufgrund des Abklingens der Beben mit dem allgemeinen Wiederaufbau auf der Insel angefangen werden konnte und der daraufhin einsetzende Tourismus der Insel eine bedeutende Einnahmequelle bescherte, so betet doch jeder Bewohner Santorins darum, daß sich ein solches Ereignis nicht wiederholen möge.

Neueste Forschungen zum Vulkanausbruch der Bronzezeit

Ebenso wie man heute den Vulkan auf Nea Kameni eifrig erforscht, um jegliche Veränderung zu registrieren, so stellen auch viele Wissenschaftler Untersuchungen auf Santorin an, um Aufschlüsse über den verheerenden Vulkanausbruch der prähistorischen Zeit zu gewinnen. Bis noch vor wenigen Jahren gingen die Wissenschaftler davon aus, daß die große Eruption auf Santorin um 1500 v. Chr. stattgefunden habe. Inzwischen ist man durch allerneueste Forschungen, modernste Technik und faszinierende Untersuchungsmethoden zu einer neuen Erkenntnis gelangt.

Zu den Wissenschaftlern, die seit Jahren vor Ort am Vulkan der Insel Santorin forschen und die auch die Frage beschäftigte, in welchem Jahr der bronzezeitliche Ausbruch erfolgte, gehört der deutsche Geologe Walter L. Friedrich, Professor an der Universität Aarhus in Dänemark. Mit Holzkohleresten, die er dem Vulkan entnahm und zur Untersuchung nach Dänemark brachte, wollte er dem Rätsel der Vergangenheit auf die Spur kommen.

Im Vulkangestein von Santorin kann man nämlich noch Reste verbrannter Pflanzen aus der Zeit des Ausbruchs ausfindig machen, deren Alter es festzustellen galt. Man konnte mit Hilfe der Kernphysik das Problem lösen: Im unterirdischen, durch dicke Betonmauern von der Außenwelt abgeschirmten Testraum des Physikalischen Instituts der Universität Aarhus wurden kleinste Mengen der verkohlten Pflanzenreste in die Patronen eines sogenannten Tandem-Akzellerators gepreßt. Elektrisch geladene Teilchen wurden dann aus einem Magnetfeld durch ein Rohrsystem auf die Patronenkammer abgeschossen, um die Holzkohleproben beim Aufprall zu zertrümmern. Die gezielte Zerstörung des Materials hatte den Sinn, die Kohlenstoffteilchen freizusetzen, die von den Spezialcomputern gemessen werden konnten.

Durch diese hochkomplizierte Methode mit Einsatz modernster Technik konnte tatsächlich das Alter der Pflanzenreste und somit das Datum des Vulkanausbruchs festgestellt werden. Die Eruption des Santorin-Vulkans in der Bronzezeit fand um 1650 v. Chr. statt, also 150 Jahre früher als bis jetzt angenommen.

Eine weitere ungewöhnliche Forschungsaktion, fast am anderen Ende der Welt, nämlich auf der eisigen Insel Grönland, brachte sogar als Ergebnis das exakte Jahr des Ausbruchs heraus. In einer von sieben europäischen Ländern unterhaltenen Forschungsstation wurde mit einer speziellen Bohrtechnik die 3200 Meter dicke Eisschicht auf Grönland durchbohrt, so lange, bis der Untergrund erreicht war. Dazu brauchte die Mannschaft, die in tief ins Eis gegrabenen Räumen arbeitete, ein ganzes Jahr. Die Aktion hatte zum Ziel, anhand der Bohrkerne (das Innere der Rohre), die ja schichtenweise zusammengepreßtes Eis darstellen, die Geschichte der Erde zu rekonstruieren.

Bei Anwendung komplizierter Untersuchungsmethoden können die insgesamt drei Kilometer langen Bohrkerne wichtige Ereignisse in der Erdgeschichte wie z. B. Klimaveränderungen und Eiszeiten offenbaren. Sogar Vulkanausbrüche, die in Tausenden von Kilometern Entfernung von Grönland einst stattfanden, lassen sich als sauren Schnee durch besondere Meßgeräte nachweisen. Auch der Vulkanausbruch von Santorin hinterließ entsprechende Spuren. So kam es, daß der englische Wissenschaftler Dr. Eric Wolff von der Universität Cambridge schließlich das genaue Datum der bronzezeitlichen Eruption verkünden konnte: 1644 v. Chr.

Jeder Blick von der Höhe ... erregt Gefallen. *Homerischer Hymnos*

Wie eng ist die Pforte und wie schmal der Weg, der zum Leben führt,
und wenige sind's, die ihn finden. *Matthäus 7, 14*

Santorini
Mit Feuer, mit Lava, mit Rauch entdecktest du deinen Schicksalsweg. *Odysseas Elytis*

Alles entsteht aus Erde und geht zurück in die Erde. *Xenophanes*

Es ist aber der Glaube eine gewisse Zuversicht des, was man hofft,
und ein Nichtzweifeln an dem, was man nicht sieht. *Hebräer 11,1*

Gemessen an den Absichten der Natur
ist Armut ein großer Reichtum. *Epikur*

Die Erde ist des HERRN. ...Denn er hat den Erdkreis
über den Meeren gegründet und über den Wassern bereitet. *Psalm 24,1f.*

DER ZAUBER DER INSEL, IN BILDERN EINGEFANGEN

Santorin ist nicht nur ein faszinierender Ort, sondern von allen griechischen Inseln wohl die fotogenste. Am steilen Caldera-Abhang entwickelte sich auf engem Raum eine einzigartige Inselarchitektur. Enge, verwinkelte Gassen, die dem Angriff des Windes trotzen, und steile Treppenwege kennzeichnen die meisten Dörfer Santorins, besonders die am Kraterrand liegenden. Die verschachtelte Anlage der oft aus kubischen Elementen zusammengesetzten Häuser bietet einen ausgesprochen malerischen Anblick.

Das vom Erdbeben von 1956 am meisten betroffene Oia gilt inzwischen als malerischster Ort Santorins. Im Zuge des aufkommenden Fremdenverkehrs wurden viele Häuser im traditionellen Stil restauriert oder neu aufgebaut, wobei man oft alte verlassene, im Bimsstein gelegene Höhlenwohnungen für den hinteren Wohnbereich miteinbezog. Ähnliches gilt für die fast schon zusammengewachsenen Siedlungen Imerovigli\o, Firostefani und Fira, die man auf dem Rundweg entlang des Calderarandes erreicht (S. 54). Vereinzelt trifft man aber immer noch auf seit dem Erdbeben zerstört gebliebene Häuser (S. 89).

Wer die Dörfer durchstreift, wird an jeder Ecke wieder ein neues interessantes Motiv aus dem Formenreichtum der Kykladenarchitektur entdecken. Die Häuser strahlen ganz in Weiß, mitunter auch in Blau oder Gelb (S. 76/91). Einzelne bieten mit ihren bunten Dekorationen geradezu ein avantgardistisches Ambiente (S. 13/33). Eine aufkommende Tendenz zur farbigen Detailgestaltung ist unverkennbar (S. 11). Die oft wie ein Labyrinth anmutenden Häuseranlagen sind durch weiche Formen gekennzeichnet, was auch noch durch den breiten weißen Aufstrich der Treppenkanten unterstrichen wird (S. 78). Das Spiel von Licht und Schatten auf den Mauern schafft zusätzlich eine stimmungsvolle Atmosphäre. Hinzu kommt, daß man die Häuser und kleinen Innenhöfe oft liebevoll mit Tonkrügen, Pflanzenkübeln und dergleichen schmückt. Es kann sogar plötzlich die Statue der Sphinx oder der Liebesgöttin Aphrodite auftauchen, als wäre sie gerade dem Meer entstiegen (S. 30/88).

Besonders lohnenswert ist der Blick vom Kraterrand über die weißen Häuser und blauen Kirchenkuppeln hinweg auf das tiefblaue Meer des Caldera-Beckens, wo die schwarzen Kameni-Inseln liegen und je nach Standort die von weißem Bimsstein gekrönte Insel Aspronisi im Hintergrund auftaucht (S. 16/32). Von einer mit Stühlen und Sonnenschirm ausgestatteten Terrasse läßt sich die wundervolle Aussicht in vollen Zügen genießen (S. 31). Die beeindruckende Ansicht wird dann noch einmal gesteigert, wenn die untergehende Sonne dieser Kulisse ihren rötlichen Glanz verleiht (s. Einbandinnenseiten). Eine Reihe von Musik-Cafés untermalen auf ihren Aussichtsterrassen die Stimmung noch mit romantischer Musik. Und bei einem Ausflug zum Vulkankrater auf Nea Kameni schweift der Blick ringsum über die Calderawände mit ihren hochgelegenen weißen Häuserketten (S. 102).

Im Gegensatz zum steilen Abhang rings um die Caldera fällt die Landschaft im Hinterland sanft ab. Auch diese Gegend hat ihren Reiz. In den ausgedehnten Terrassenfeldern, wo landwirtschaftliche Maschinen fehl am Platz wären, kann man z. B. auf einen Bauern treffen, der noch mit der Hand das Getreide erntet (S. 50) und anschließend auf einem runden Dreschplatz die Spreu vom Korn trennt. Und auch nur hier, in der ländlichen Abgeschiedenheit, begegnet man öfters den älteren

Leuten, die man in den touristischen Zentren kaum zu Gesicht bekommt (S. 64/65).

Wer mit einem Schiff in den Häfen von Therasia, Oia oder Fira ankommt, kann die Hunderte von Treppenstufen am Steilhang, die serpentinenartig zu den bis zu 360 Meter hoch gelegenen Orten hinaufführen, auch auf dem Rücken eines Esels oder Maultieres bewältigen (S. 100/101). Ganz Eilige unternehmen eine zweiminütige Fahrt mit der Seilbahn, um Santorins Hauptort Fira zu erreichen, dessen Ortsbild von der orthodoxen Kathedrale geprägt wird und der mit seiner dominant weißen Architektur fast orientalisch wirkt (S. 67/109). Betuchte Kreuzfahrttouristen pflegen dann ihr Geld vor allem in den dortigen Juweliergeschäften auszugeben (S. 93).

Auf der ganzen Insel findet man die typischen weißen Kirchen mit ihren in der Regel blau gestrichenen Kuppeln und ein- oder dreifachen Glockenträgern (S. 32). Sie stehen nicht nur in allen Ortschaften, sondern man sieht sie überall auch einzeln an Berghängen kleben oder verstreut in der Ebene liegen. Viele Glockenträger weisen oben seitlich zwei spitze Enden auf und erinnern damit an antike Stiersymbole (S. 12/16).

Ein reizvolles Landschaftsbild bietet die flache Gegend um den hochgelegenen und festungsartig angelegten Ort Pyrgos. Die Dörfer Vothonas, Messa Gonia und Exo Gonia liegen mitten in den typischen Weinfeldern, und auf der Suche nach originaler Kykladenarchitektur wird man natürlich auch hier und im Umkreis des Profitis Elias fündig. Von der Ausgrabungsstätte Alt-Thera oben auf dem Messa Vouno fällt der Blick auf die Lavastrände von Kamari und Perissa. Die Fischeridylle vergangener Zeiten kann man dort nur noch frühmorgens finden, bevor die Touristen die Badestrände bevölkern (S. 75).

Der Besucher Santorins sollte auf keinen Fall versäumen, auch den Süden der Insel Thera zu erkunden, der in der Regel wegen der Ausgrabungen von Akrotiri aufgesucht wird. Acht verfallene Windmühlen auf dem Gavrilos-Berg künden von alten Zeiten. Einsame Buchten an der Südküste stellen eine Alternative zu den vielbesuchten Badestränden im Osten dar. Geflochtene, noch in Handarbeit hergestellte Sonnenschirme verleihen dem Strand von Vlychada seinen besonderen Charme (S. 90). Dessen senkrechte und bizarre Bimsstein-Formationen ragen vierzig bis sechzig Meter hoch und hinterlassen mindestens einen ebenso starken Eindruck wie die Steilwände der Caldera (S. 103).

Wo auch immer man sich befindet, der Zauber der Insel läßt einen nicht mehr los. Ganze Touristenströme pilgern allabendlich zur Nordspitze der Insel Thera, um den berühmten Sonnenuntergang bei Oia mitzuerleben. Ein besonders reizvolles Motiv ist dort eine alte Windmühle, vor allem, wenn man sie von den Ruinen des verfallenen venezianischen Kastells aus betrachtet (S. 17/79). Während sich der sonnenhungrige Tourist im Sommer über den fast durchweg strahlend blauen Himmel freut, schätzt der Kenner Santorins die oft unvergleichlichen Lichtstimmungen in der Frühjahrs- und Herbstzeit (S. 47/106).

Kaum ein Besucher Santorins wird sich den Eindrücken der Vulkaninsel entziehen können. Man könnte fast glauben, das versunkene Reich Atlantis sei ein klein wenig wieder-aufgetaucht.

Es kann die Stadt, die auf einem Berge liegt, nicht verborgen sein. *Matthäus 5,14*

Vom Aufgang der Sonne bis zu ihrem Niedergang
Sei gelobet der Name des HERRN. *Psalm 113, 3*

Schlußbetrachtung

Ich leg ab und setz die Segel
eine Insel ist mein Ziel
die auf Karten nicht zu finden...

Wenn gefunden erst die Insel
wird das andre Schall und Rauch
Wenn du's einmal nur erlebt hast.

Odysseas Elytis

Quellenverzeichnis

Platons Dialoge Timaios und Kritias, übersetzt und erläutert von Otto Apelt, Leipzig, 2. Aufl. 1922.
Apollonios Rhodios, Die Argonauten, verdeutscht von Thassilo von Scheffer, Leipzig 1940.
Odysseas Elytis, Lieder der Liebe, Neugriechisch und deutsch, übertragen von Hans Eideneier, Frankfurt am Main 1981.
Die Bibel oder die ganze Heilige Schrift des Alten und Neuen Testaments, Stuttgart 1970.
Weisheiten der Bibel, Ausgewählte Kostbarkeiten, zusammengestellt von Gottfried Berron, Lahr, 6. Aufl. 1996.
Alle Jesusworte von A bis Z, hrsg. von Albert Buchwald, Stuttgart 1996.
Homerische Hymnen, Griechisch und deutsch, hrsg. von Anton Weiher, München, 2. Aufl. 1961.
Hesiod, Sämtliche Gedichte, Theogonie, Erga, Frauenkataloge, übersetzt und erläutert von Walter Marg, Zürich/Stuttgart 1970.
Griechische Lyrik, Deutsch von Emil Staiger, erläutert von Georg Schoeck, Zürich 1961.
Griechische Lyrik in deutschen Übertragungen, hrsg. von Walter Marg, Stuttgart 1964.
Hellas, Ein Führer durch Griechenland aus antiken Quellenstücken, Urtext und Übertragung, hrsg. von Georg von Reutern, München, 5. Aufl. 1969.
Geflügelte Worte, zusammengestellt von Volker Schnell, in: Lexikon der Alten Welt, Band 3, Zürich/München 1990.
Sokrates für Manager, hrsg. von Siegfried und Inge Starck, Düsseldorf 1989.

Literaturhinweise

Ignatius Donnelly, Atlantis, The Antediluvian World, London 1882.
Christos Doumas, Santorin, Die Insel und ihre archäologischen Schätze, Freiburg/Basel/Wien 1992.
Martin Freksa, Das verlorene Atlantis, Die Geschichte der Auflösung eines alten Rätsels, Tübingen 1997.
Walter L. Friedrich, Feuer im Meer, Vulkanismus und die Naturgeschichte der Insel Santorin, Heidelberg/Berlin/Oxford 1994.
Angelos G. Galanopoulos und Edward Bacon, Atlantis,The Truth behind the Legend, London/Johannesburg 1969.
John V. Luce, Atlantis, Legende und Wirklichkeit, Bergisch Gladbach, 4. Aufl. 1975.
Nanno Marinatos, Kunst und Religion im alten Thera, Zur Rekonstruktion einer bronzezeitlichen Gesellschaft, Athen o. J.
Spyridon Marinatos, The Volcanic Destruction of Minoan Crete, in: Antiquity, 1939, S. 425–439.
Spyridon Marinatos, Kreta, Thera und das mykenische Hellas, München, 3. Aufl. 1976.
Adolf Schulten, Tartessos, Ein Beitrag zur ältesten Geschichte des Westens, Hamburg 1922.
Jürgen Spanuth, Die Atlanter, Volk aus dem Bernsteinland, Tübingen, 5. Aufl. 1989.
Helmut Tributsch, Die gläsernen Türme von Atlantis, Erinnerungen an Megalith-Europa, Frankfurt am Main/Berlin 1986.
Eberhard Zangger, Atlantis, Eine Legende wird entziffert, München 1992.